国家社会科学基金（23BGL027）资助出版

齐丽云 王佳威 ◎ 著

环境规制
对企业绿色发展的
影响研究

Research on the Impact of Environmental
Regulations on Green Development of Enterprises

中国财经出版传媒集团

经济科学出版社
Economic Science Press

·北 京·

图书在版编目（CIP）数据

环境规制对企业绿色发展的影响研究/齐丽云，王佳威著
. --北京：经济科学出版社，2024.1
（大连理工大学管理论丛）
ISBN 978 - 7 - 5218 - 5498 - 5

Ⅰ.①环…　Ⅱ.①齐…②王…　Ⅲ.①环境规划 - 影响 - 企业
发展 - 绿色经济 - 研究 - 中国　Ⅳ.①F279.23

中国国家版本馆 CIP 数据核字（2024）第 005836 号

责任编辑：刘　莎
责任校对：杨　海
责任印制：邱　天

环境规制对企业绿色发展的影响研究

齐丽云　王佳威　著

经济科学出版社出版、发行　新华书店经销

社址：北京市海淀区阜成路甲 28 号　邮编：100142

总编部电话：010 - 88191217　发行部电话：010 - 88191522

网址：www. esp. com. cn

电子邮箱：esp@ esp. com. cn

天猫网店：经济科学出版社旗舰店

网址：http：//jjkxcbs. tmall. com

固安华明印业有限公司印装

710 × 1000　16 开　14.25 印张　230000 字

2024 年 1 月第 1 版　2024 年 1 月第 1 次印刷

ISBN 978 - 7 - 5218 - 5498 - 5　定价：65.00 元

前　言

　　我国长期粗放型经济发展模式引致严重的环境污染和资源紧缺问题，为了进一步解决环境与经济发展之间的矛盾，建设资源节约和环境友好型社会，国家层面提出了绿色发展是实现经济由高速发展向高质量发展转型的关键力量。企业的生产经营活动是造成环境问题的主要来源，其承受着来自政府、消费者、社区等众多利益相关者的环境合法性压力，如何平衡环境保护和经济效益对企业发展至关重要。绿色创新是企业实现环境效益和经济效益统一的重要途径。其中，作为一种能有效降低环境风险的组织管理实践，企业环境战略成为制造业企业实现可持续发展和促进绿色创新绩效的重要举措。

　　由于环境治理任务艰巨，短期内难以实现经济效益显著提升，理性的企业缺乏动力制定积极的环境战略。鉴于环境污染问题的外部性特点，就需要借助政府加以约束和调控，因此，政府环境规制对企业环境战略的作用意义重大。我国环境规制体系日趋完善，从最初的强制约束型规制到经济激励型规制，现阶段又拓展了公众监督的主导权，逐步实现了异质性环境规制的引导作用。然而，响应政府环境规制政策会给企业带来额外的经营成本压力，造成企业主动性缺失，这就需要企业高管团队内部对环境规制有清晰的理解和认知。高管团队异质性带来的认知基础、价值观等方面的差异会影响高管团队运作，对企业战略选择和绩效产生影响。

　　基于此，本书由导论、文献综述与理论基础、政策文本变化、环境规制对企业环境战略的影响、市场激励型环境规制对企业环境战略的影响、高管团队异质性对企业绿色创新绩效的影响、结论与展望七部分构成。本书将以探究环境规制对企业发展的影响问题作为出发点，基于文献研究法、内容分析法与实证研究法，第一，对现实情况以及研究现状进行了概述，提出本书的主要研究内容与问题；第二，对环境规制、企业环境战略与绿色创新绩效的内涵进行概述，界定清晰这三者的概念，并对本书涉及的制度理论、高层梯队理论、社会认同理论、信息决策理论与外部性理论进行梳理，为后文的分析提供基础；第三，对企业社会责任与环境规制的政策文本进行分析，明晰当前环境政策文本的内容及重点；第四，深入分析环境规制、企业环境战略与绿色创新绩效三者之间的内在逻辑关系与影响机制，主要探究三种不同类型的环境规制对环境战略的影响、高管认知以及特质在其中发挥的作用与其对绿色创新绩效的影响、不同类型的市场激励型环境规制措施的异质性以及地区、产权等异质性；第五，得出研究结论，提出促进企业承担环境责任、创造环境绩效的意见与建议，希望能够为政府制定环境政策与企业提升环境绩效方面建言献策。

本书适合企业管理者、企业社会责任实践者、政府相关管理部门以及相关专业的研究人员阅读。

目 录

第 1 章

导　论

党的二十大报告指出：大自然是人类赖以生存发展的基本条件。尊重自然、顺应自然、保护自然，是全面建设社会主义现代化国家的内在要求。企业作为重要的社会主体，应该为保护绿水青山贡献一份力量。因此，企业必须重视环境保护，践行绿色发展。企业的绿色创新绩效是助力绿色发展的重要指标，企业环境战略对绿色创新绩效至关重要，而环境规制是促进企业实行绿色战略的关键外部因素。因此，本书致力于探究企业绿色创新、企业环境战略和环境规制三者之间的关系，以助力企业绿色发展。本章主要概述了本书的研究背景、研究意义、研究方法、内容安排及主要观点。

1.1　研究背景与意义

1.1.1　研究背景

改革开放以来，中国的经济发展取得了举世瞩目的成就，2010 年经济总量已经跃居世界第二位。然而，不可否认的是，过去高污染、高能耗、高排放的粗放式工业化建设在驱动中国经济实现高速增长的同时，也带来了严重的环境污染问题。IQAir 发布的《2020 年全球空气质量报告》显示，在其监测的 106 个国家中，达到世界卫生组织 PM2.5 标准的只有 24 个，其中，中国的 PM2.5 水平超过了标准的 3 倍。联合国环境规划署公布的《2019 排放差距报告》指出："在过去 10 年中，温室气体排放量每年增长 1.5%。"《2020 排放差距报告》指出，虽然全球二氧化碳排放量受新冠疫情影响有所下降，但全球气温仍向着到 2100 年上升幅度超过 3℃的方向发展，而中国自 2006 年起一直是最大的二氧化碳排放国。2018 年联合国粮食与农业组织发布的《土壤污染：隐藏的现实》报告指出，中国已将 16% 的土壤以及 19% 的农业土壤列为受污染土壤。全球环境绩效指数联合报告（GEPI）显示，中国在环境方面未能取得与经济发展状况相协调的表现，且与主要发达国家之间存在明显差距……环境问题的加重影响了人类的生存与发展，引起了人们的广泛关注。同时，对于中国来说，环境污染问题已经成为制约中国可持续发展的瓶颈，使中国经济由高速增长向高质量增长的转变更加困难。

面对严峻的环境形势，国家层面给予了高度重视。生态文明被列为中国"五位一体"总体布局的重要组成部分，"绿水青山就是金山银山""坚持人与自然和谐共生，形成节约资源和保护环境的空间格局、产业结构、生产方式、生活方式，还自然以宁静、和谐、美丽"等观念和导向逐渐深入人心。①在第七十五届联合国大会上，习近平主席向国际社会作出庄严的"双碳"目标承诺：中国将力争在 2030 年之前实现碳达峰，在 2060 年之前实现碳中和。党的二十大报告指出："我们要推进美丽中国建设，坚持山水林田湖草沙一体化保护和系统治理，统筹产业结构调整、污染治理、生态保护、应对气候变化，协同推进降碳、减污、扩绿、增长，推进生态优先、节约集约、绿色低碳发展。这些总体规划和目标反映出我国解决环境污染问题、加快绿色转型、推动'双碳目标'实现的信心与决心。"

企业的生产经营活动是当前环境问题的关键原因之一（Li，2017）。企业在生产过程中会产生大量的废水、废弃、废渣等有害物质，其生产的产品也

---

① 习近平. 习近平在联合国成立 75 周年系列高级别会议上的讲话［M］. 北京：人民出版社，2020.

可能在使用过程中对环境造成污染，对资源的过度开发也会导致生态破坏……例如 2022 年美国路易斯安那州因大量排放工业废料而产生的诸多"癌症巷"；2023 年 8 月 24 日日本东电公司将储存的数百万吨核废水排入大海之中。因此，减少企业生产经营活动对环境的危害是解决环境问题的关键。政府、消费者以及其他利益相关者纷纷将目光集中于企业，要求企业为保护环境作出努力，放弃会造成环境问题的企业活动并采取能够确保环境安全的措施（Abbas，2019）。由于环境问题具有强烈的外部性特点，单纯依靠市场机制是无法从根本上解决企业的污染问题，因此政府以规制的手段引导和约束企业环境战略的制定尤为重要。我国最早的一部法律法规——《中华人民共和国环境保护法（试行）》颁布于 1979 年，随着公众环保意识的增强，我国出台一系列政策约束企业环境行为，如《中华人民共和国环境保护法》（1989）、《中华人民共和国清洁生产促进法》（2002）、《中央环保督察制度》（2015）、《企业环境信息依法披露管理办法》（2021）、《国务院关于加快建立健全绿色低碳循环发展经济体系的指导意见》（2021）、生态环境部印发的《碳达峰碳中和标准体系建设指南》（2023）……环境规制力度不断加大，规制形式也日益丰富，逐渐形成以政府为主导，以市场、企业和公众为辅的治理模式。

企业环境战略是企业遵守环保法律规范并主动实施环境保护措施，以降低企业在生产经营过程中对生态环境负面影响的战略决策。采取积极有效的环保策略不仅能提升企业生产效率，还能使企业在竞争市场中形成绝对优势，同时也能达到政府监管要求，向外界树立良好的企业形象。学者们基于外部因素和组织内部因素两个视角探究企业环境战略的驱动问题。

外部因素的研究视角，学者们主要依据利益相关者理论、制度理论等探究企业环境战略的影响因素。利益相关者理论认为，政府、消费者、供应商和竞争者等利益相关者压力是影响和制约企业行为的关键因素。而制度理论认为，外部环境要素在为企业带来发展机会的同时也可能带来严重的生存危机，为了确保企业合法合规地从事经营活动，需要企业提高市场地位和竞争实力，在制度压力的影响下开展积极的环境战略。由于环保行为具有公共属性，环境规制本身就是政府意志的体现，因此环境规制作为企业转型过程中的一个重要驱动力备受关注，环境规制作为企业开展环境战略的重要前置因素，引起学者们的广泛关注。潘楚林和田虹（2016）认为，严格的环境规制是企业自愿开展环境保护活动的关键要素，也是企业制定环境战略的首要推动力量，其研究结论证实了环境压力会正向促进企业制定环境战略。徐建中等（2017）的研究结果表明，规制压力与企业绿色战略之间呈现倒"U"型关系，规制压力较高会导致企业没有充足的时间和资源进行绿色创新。杨陈（2021）认为，企业前瞻性环境战略关系到企业长期可持续发展，伴随着我国实施严格的环境管理措施，规制性要求成为企业必须应对的外部压力，此时企业考虑到自身生存发展，便会积极采纳和实施环境战略。

组织内部因素的研究视角，学者们主要基于资源基础理论探究企业环境战略的驱动问题。塞密欧等人（Symeou et al.，2019）认为，内部学习能力会影响企业环境战略的制定。因为环境治理问题复杂且多变，该过程需要企业具备一定的知识储备，因此需要企业通过强化自身组织学习能力，将环保战略整合到组织流程中。多数研究还从企业规模、产权性质、所属行业等方面探究其对环境战略的影响。规模大的企业拥有较强的生产能力，更容易受到政府、公众的关注，能调控更多的社会资源（杨德锋，2012），在环境问题上发挥更大的作用（Darnall，2010）。

尽管学者们已经对影响企业环境战略的多种因素展开丰富的讨论，并且呈现出较为多样的研究成果，但是许多研究仅侧重于其中某一种因素对企业环境战略的影响效果。然而企业环境战略是企业外部制度环境和组织内部要素共同作用的结果。因此，本书试图从外部因素和内部因素相互作用的视角探究影响企业环境战略的管理机制，充分解释影响企业环境战略选择的过程。

企业绿色创新被认为是以经济高效的方式实现环境目标的一种途径，不仅可以大大减少对环境的不利影响，还可以给企业带来经济效益。企业可以一方面通过产品方面的绿色创新与竞争对手形成产品差异，另一方面通过生产工艺方面的绿色创新提高资源利用率，减少生产成本，获取更高利润；同时，通过绿色创新还可以提高企业绿色形象和企业声誉。绿色创新对于企业应对环境变化和促进经济发展具有重要意义，因此识别绿色创新研发和广泛采用的驱动因素，有助于更好地理解企业管理和公共政策如何加速和指导绿色创新（Rio，2009；Hojnik，2016）。企业绿色创新驱动因素可以分成外部和内部因素。

外部因素。企业经营决策，并与其他社会、机构、市场参与者进行互动，绿色创新是企业对众多参与者和外部因素产生的刺激和激励措施的回应（DEL RÍO P，2016）。对于外部因素，学者们研究最多的就是环境法规和政策（Liao，2018）。从制度理论视角来看，严格的环境法规和环境政策是推动企业绿色创新的重要制度因素（Liao，2018）。鉴于政府会对其管辖范围内的组织施加压力，不遵守环境法规和政策可能会使企业付出高昂的代价，因此实施绿色创新可以被视为企业为了获得合法性而作的努力（Li，2018）。其次是市场拉动因素，如客户对绿色属性的要求，会推动企业实施绿色创新，以满足市场需求并击败竞争对手（Liao，2018；Hojnik，2016）。其他相关的外部因素还包括政治和文化环境、媒体对企业环境影响的关注，以及企业外部的技术发展（Dangelico，2017）。

内部因素。企业内部因素指的是企业的内部资源、先决条件和特征等，这些因素促进了企业绿色创新。在内部因素方面，高管对环境问题的承诺、企业的技术能力和财务资源尤其重要。企业对环境保护的高度重视是绿色创新的先决条件，高管对环境问题的承诺会使企业采取积极的环境战略，并推动企业绿色创新。企业的技术能力有助于参与新技术的信息流动、企业内部开发绿色技术或吸收和改造他人开发的技术。企业还必须拥有投资绿色创新所需的资金（Rio，2009）。

从现有文献来看，学者们对于外部因素的研究多于内部因素，法规和市场拉动因素是最常被提到的驱动因素（Li，2018）。但是，企业绿色创新的实施主体是企业，对企业外部因素的解释、吸收、转化取决于企业内部，因此，企业内部因素对绿色创新的影响不容忽视。马等人（Ma et al.，2021）指出，即使在相同的外部商业环境中，企业的绿色创新策略也不相同，企业绿色创新的内部驱动因素也很重要。

基于此，本书试图解决三个方面的问题：（1）不同类型环境规制是否都有助于企业制定积极的环境战略？（2）环境战略是否会对企业绿色创新绩效产生积极的影响？（3）不同的市场激励型环境规制工具对企业环境战略是否存在影响，影响效果是否存在差异？基于这三个问题，本书基于制度理论、合法性理论、高层梯队理论、社会认同理论、信息决策理论和外部性理论，探讨环境规制、企业环境战略、企业绿色创新绩效三者之间的影响关系，并尝试对相关的调节变量，中介变量和控制变量，以及变量异质性影响等进行解析。

1.1.2　研究意义

（1）理论意义

从微观企业视角，深入研究环境规制、环境战略以及企业绿色创新绩效三者之间的关系，进一步丰富了该领域的相关研究成果。

第一，关于环境规制对企业环境战略的影响研究，目前国内外文献多从国家、地区层面对环境规制与经济增长之间的关系进行探究。本书选用制造业企业这一微观主体作为研究对象。研究大多把环境规制分为两类，即命令控制型环境规制和市场激励型环境规制。随着环境保护观念深入人心，公众监督作用日益凸显，本书在现有研究的基础上又加入了社会参与型环境规制，探讨不同类型环境规制是否都对企业环境战略产生促进作用，也丰富了异质性环境规制相关领域的研究。

第二，探讨了环境规制对企业环境战略的影响机制，丰富了制度理论和高层梯队理论的研究成果。现有研究中高层梯队理论的应用范畴仅侧重于高管团队特征对企业环境绩效的影响，却忽视了高层梯队理论外部情境对内部高管认知的驱动机制。本书引入高管认知这一中介变量，深入研究环境规制、高管认知和企业环境战略之间的作用机理，促进理论之间的有机结合，为该领域跨学科的整合研究提供了思路。

第三，关于企业环境战略对企业绿色创新绩效的影响研究，现有研究探讨了外部驱动因素，如政策法规，对企业绿色创新的影响。对于内部因素，尤其是企业管理层对绿色创新的影响研究相对较少（DEL RÍO P，2016）。本书着重从高管团队特征的异质性角度，选取性别异质性、年龄异质性、教育水平异质性、任期异质性、职能背景异质性五个维度的高管团队异质性，探究高管团队异质性对企业环境战略的影响，进一步影响企业绿色创新绩效的具体影响机制。将高管团队特征与绿色创新领域相结合，丰富了环境战略前因变量的研究以及环境战略对企业绿色创新绩效的影响的相关研究。

第四，关于环境规制对企业环境战略的影响研究，现有相关研究结论不一致。基于此，本书重点探讨了市场激励型环境规制对企业环境战略的影响关系。考虑到环境规制工具的差异性以及企业环境战略的复杂性和综合性，本书尝试对环境税费和环境补贴两项不同规制工具的作用效果进行分析，并将多种环境实践的实施情况纳入企业环境战略的评价范围中，这对丰富相关问题实证研究的设计思路也具有一定的意义。

第五，在探究市场激励型环境规制对企业环境战略的影响作用时，进一步探究了媒体关注度和内部控制的调节效应。调节变量的加入不仅有助于探究何种因素会对市场激励型环境规制的作用效果产生影响，也为在分析企业环境战略相关问题时将多种因素的共同作用纳入探究范围提供了一种可行的方案。

（2）现实意义

第一，为环境规制政策的完善提供方向。在环境治理形式中，命令控制型环境规制被广泛运用，市场激励型环境规制应用不足，社会参与型环境规制渠道欠缺的现状。本书的研究结果也表明不同类型环境规制对企业环境战略产生差异性，通过对比分析可以指明何种规制方式是最行之有效的，何种规制手段有待进一步完善，从而推动我国全面建设环境规制体系，有利于达到企业环境保护效果最优化。

第二，有利于企业高管团队提升管理认知，将环境实践上升到企业战略层面，进而融入企业生产运营的各个环节。本书基于中国制度情境探究环境规制与企业环境战略的影响，关注到企业高管团队在其中起到的作用。作为企业环境战略的关键参与者，高管团队成员扮演着举足轻重的作用，探究高管认知在外部环境压力下对企业战略的选择，有利于企业内部正视环境治理的重要性。高管团队积极主动地参与到环境保护实践中，有利于树立良好的企业形象，提高社会声誉和增强社会影响力。此外，高管团队需要不断更新观念，学习并借鉴有效的环境治理措施。

第三，有助于企业高管团队建设。高管团队是企业的决策和实施机构，影响着企业绩效。组建一支高效合理的高管团队有助于企业在复杂多变的环境中作出正确的判断和选择，制定合理的战略决策，提高企业竞争力，实现企业的长远发展。高管团队成员的性别、年龄、教育背景、职能背景等特征反映了他们的价值观和认知基础，企业可以通过选择不同性别、年龄、教育背景、职能背景等特征的管理人员进入高管团队，完善高管团队的人员结构和认知结构。同时，加强高管团队成员之间的相互协作，使高管团队成员能够发挥各自优势，提高高管团队决策能力，提高决策效率和质量，助力企业发展。本书的研究有助于企业认识到高管团队建设的重要性以及如何建设高管团队。

第四，有助于促进企业绿色创新。在环境问题加重和社会各界施压的情况下，企业进行绿色创新对于满足各利益相关者环境保护诉求，实现企业经济效益和环境效益统一具有重要意义。高管团队在引导企业绿色创新上发挥着重要作用，因此需要提高高管团队的绿色创新意识，增强高管团队决策能力。本书为企业提高绿色创新提供了新思路，即根据有利于企业绿色创新的高管团队成员特征，构建高管团队，从而增强企业应对绿色创新这一复杂活动的能力，提高绿色创新绩效，构建绿色发展优势，提高企业竞争力。

第五，为政府运用市场激励型环境规制工具改善企业环境污染问题提供参考。由于环境问题外部性的存在，企业往往缺乏实施环境战略的动力，市场激励型环境规制可以通过将外部性内化的方式调动企业对于环境战略的积极性。但市场激励型环境规制包含多项具体的规制工具，不同规制工具的作用方式和作用效果存在差异，根据企业特征选用合适的规制工具有助于提高环境规制的有效性。本书划分产权异质性和行业异质性探究环境税费与环境补贴对企业环境战略的影响，研究结果可以为政府进行环境治理提供参考。

第六，为企业在面临市场激励型环境规制时开展环境实践，提高环境战略水平提供参考。环境问题的复杂性使企业环境战略的实施情况受到内外部多种因素的影响，不同企业由于生产经营对环境造成污染的严重程度存在差异，所面临的来自政府市场激励型环境规制的环境监管压力也不尽相同。除此之外，来自社会公众和企业内部的监督也可能使企业面临的环境压力有所变化。如何在满足环境监管要求与实现经济效益之间进行平衡是企业亟待解决的问题，本书对市场激励型环境规制作用效果的异质性研究和调节效应研究有助于企业根据自身所面临的内外部情况开展环境实践，有效提高企业的环境管理水平。

1.2　内容安排与主要观点

1.2.1　内容安排

本书的内容安排为：

第 1 章　导论：概述本书关于环境规制、环境战略和绿色创新绩效关系的研究背景、研究意义、使用的研究方法以及本书的内容安排和主要观点。

第 2 章　文献综述与理论基础：界定环境规制、环境战略和绿色创新绩效的概念；梳理国内外相关研究，归纳总结支撑本书研究的理论基础。

第 3 章　政策文本变化：对企业社会责任和环境规制的政策进行文本分析。

第 4 章　环境规制对企业环境战略的影响——高管认知的中介作用：探究不同类型的环境规制对企业环境战略的影响以及环境规制通过影响高管认知从而影响环境战略的作用机制，提出相关研究假设并进行实证研究。

第 5 章　市场激励型环境规制对企业环境战略的影响：探究市场激励型的环境规制对企业环境战略的影响以及媒体关注度和内部控制质量对这一路径的调节效应，提出相关研究假设并进行实证研究。

第 6 章　高管团队异质性对企业绿色创新绩效的影响：探究高管团队异质性对绿色创新绩效的影响以及高管团队异质性通过影响企业环境战略对企业绿色创新绩效的影响机制，提出相关研究假设并进行实证研究。

第 7 章　结论与展望。

内容安排结构如图 1.1 所示。

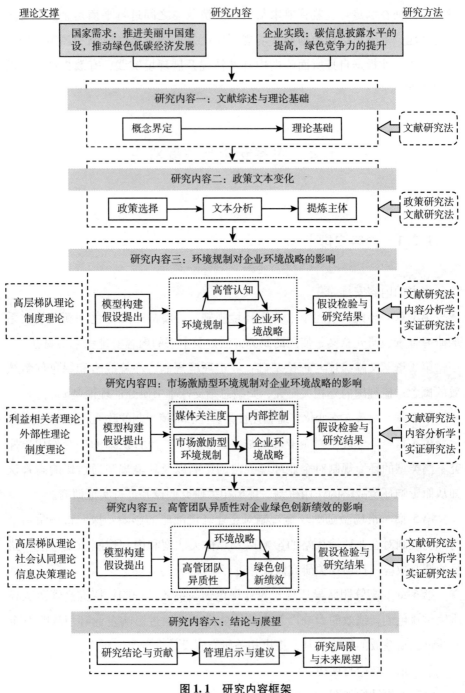

图 1.1　研究内容框架

1.2.2 主要观点

本书的主要观点如下：

（1）不同类型环境规制对企业环境战略的影响具有显著差异，命令控制型环境规制具有较强的约束力和惩戒性，其侧重于统一标准的制定，能够短时高效地促进企业实施环境战略，但监管成本过高和规制程度过重时，会导致企业产生消极治理的态度，抑制企业环境战略的制定。市场激励型环境规制的灵活性能够积极引导企业主动承担环境责任，但是由于我国市场机制不完善，导致市场激励型环境规制对企业环境战略的影响关系结论不一致。社会参与型环境规制给予企业更多自主选择的权利，能够发挥主观能动性。本书研究结果表明，社会参与型环境规制对企业环境战略的影响效果略低于命令控制型。

同时，研究结果表明了高管认知在环境规制和企业环境战略之间具有促进作用。高管认知为企业环境战略的制定提供了持续的内在驱动力，具有重要意义，因此从根本上提高企业高管团队的环境认知水平是必要的。此外，企业环境战略是高管团队共同决定并实施的，这就需要保证战略决策具备科学性和实践性，高管团队成员之间要加强沟通和协作能力，充分发挥团队优势。

（2）高管团队异质性不同维度会对企业绿色创新绩效产生不同的影响。高管团队性别异质性、年龄异质性对企业绿色创新绩效有显著负向影响，任期异质性、职能背景异质性对企业绿色创新绩效有显著正向影响，教育水平异质性对企业绿色创新绩效没有影响。

同时，企业环境战略在高管团队异质性与企业绿色创新绩效中起到一定的中介作用。企业环境战略在高管团队年龄异质性、任期异质性、职能背景异质性对企业绿色创新绩效影响中起到部分中介作用，在性别异质性对企业绿色创新绩效影响中无中介作用。

（3）环境税费与环境补贴同为市场激励型环境规制工具，但二者对企业环境管理的影响效果却存在差异。环境税费对企业环境管理具有显著"U"型影响关系，环境补贴对企业环境管理具有显著正向影响，这再次证实了市场激励型环境规制在解决环境问题外部性方面所具有的作用。

第2章

文献综述与理论基础

为了探究环境规制、环境战略与企业绿色创新绩效三者之间的内在逻辑关系与影响机制，本章对环境规制、环境战略与企业绿色创新绩效进行了概念界定，并且尝试对本书运用的相关理论，如制度理论、高层梯队理论、社会认同理论、信息决策理论、外部性理论进行综述。

2.1 相关概念界定

2.1.1 环境规制

（1）环境规制的概念

伴随着西方经济发展和国内外规制演化，人们开始对安全、健康、环境投入更多的关注，从20世纪70年代起西方就颁布了一系列社会型规制用来维护安全、健康、环境（赵敏，2013）。此时政府规制范围从最初常见的社会公共领域拓展至其他领域，比如应对环境污染问题的规制。环境规制最初是为了预防污染物排放，保护生态环境，由政府部门以非市场手段控制和干预厂商经济活动的一系列规定，包括禁令、非市场转让性许可证等（赵玉民，

2009）。受市场机制的影响和激励型规制等思潮的影响，在 20 世纪 80 年代，西方国家主张运用间接手段，通过立法制定公平合理、符合公共利益的规范，引导企业达到保护环境的目标（Deacon，2010）。不过，即便如此，环境规制的内涵仍然不够充分，忽略了企业、公众和环保组织等微观主体的作用。随着生活水平和对环境质量要求的提高，帕加尔和韦勒（Pargal & Wheeler，1996）提出了非正式环境规制的概念。他们认为，当政府实施的正式规制存在缺失时，许多团体之间通过协商达成有效的治污行为，着重强调的是社会规范的作用，除了正式立法外可以通过公开透明的环境治理和公众参与形式推动企业实施环保行为。

国内学者也在不断丰富环境规制这一概念内涵。胡元林和杨雁坤（2015）认为，环境规制是为了完成环境保护的基本任务，以微观个体或团体为对象、有形制度或无形意识为存在形式的一种约束性力量。王云等人（2017）认为，环境污染具有外部不经济的特性，环境规制的存在主要是为了解决市场失灵的问题，通过调整市场资源配置和供求决策内化为环境治理成本，从而明确保护环境和增加社会福利最大化的制度安排。杨洪涛等人（2018）认为，环境规制是由国家或地方政府机构在一定阶段内，为了达到环境保护的目的所制定的一系列行为准则，包括法律法规、条例、规范、管理办法等。刘等人（Liu et al.，2020）认为，环境规制是指国家通过制定法律规范对微观经济主体的生产经营行为施加强制约束力，从而实现环保目标并促进生态资源合理高效的利用。李毅（2020）认为，环境污染具有外部不经济的特性，需要政府部门采取相应政策和措施调节厂商的经济行为，从而达到协调发展的目的。

综上所述，结合学者们对环境规制概念界定和本书主要研究内容，提出环境规制的概念，即政府职能部门为了预防和控制环境污染所制定的一系列约束性、规范性和引导性规制措施的总和，其范围不仅包括长期有效的环境法律法规、条例和标准等强制性规制手段，还包括企业环境信息披露、公众参与等非强制性规制手段。本书将基于政策量化的方式对环境规制进行衡量。

（2）环境规制的类型

随着人们对环境问题的深入探讨，环境规制的类型也日趋丰富，学者们从多个方面对环境规制的分类进行阐述。本书将结合目前国内研究现状，对环境规制的类型进行归纳概括，见表2.1。

表 2.1　　　　　　　　　　　　　　环境规制的类型

分类视角	环境规制类型	区别	作者
提出主体	正式环境规制	政府作为提出主体	张嫚（2005）原毅军和谢荣辉（2014）
	非正式环境规制	社会团体、协会或个人作为提出主体	
存在形式	显性环境规制	以有形的法律规定、协议等为存在形式	涂刚和赵玉民（2011）薄文广等（2018）
	隐性环境规制	以内在于个体的、无形的环保思想环保意识为存在形式	
作用时点	事先激励型环境规制	在企业进行污染排放行为之前对企业进行的引导手段	郭进（2019）
	事后惩罚型环境规制	在企业进行污染排放行为之后对企业进行的惩罚手段	
干预方式	命令控制型环境规制	政府部门按照一定程序制定或修改相关法律法规、规章制度等，明确环境规制的目的和标准，要求企业应当遵守相关法律规定，对于违法经营的企业将予以处罚	盛广耀（2017）许阳（2017）
	市场激励型环境规制	政府通过财政补贴或处罚的方式对生产生活进行经济方面的激励或惩罚，以实现降污减排的目的	
	社会参与型环境规制	企业和公众基于自身环保意识或政府引导，自发进行环境保护，从而实现环境治理的目的	

资料来源：本书整理。

越来越多的学者倾向于根据干预方式对环境规制进行分类，本书将参考盛广耀（2017）、许阳（2017）的分类，将环境规制划分为命令控制型环境规制、市场激励型环境规制和社会参与型环境规制。命令控制型环境规制具体表现为污染排放标准、排污许可证、产品标准、排污总量控制等。市场激励型环境规制的具体表现为排污费（税）、政府采购、生态补偿资金等。社会参与型环境规制的具体表现为环境信息披露、环保认证、自愿协定、环境听证等。

2.1.2 环境战略

著名学者哈特（Hart，1995）指出，传统的战略管理理论中缺少对环境要素概念的剖析，仅强调了政治、经济、社会和文化等方面的内容，系统地忽略了自然环境因素对企业的影响。随着环境污染问题愈演愈烈，加之自然资源非常有限，企业经营活动必然会受到自然资源的约束。此时的战略管理理论已经无法帮助组织充分识别外部竞争优势，自然环境因素的遗漏也使得企业无法形成持久稳定的竞争优势。因此，哈特（1995）主张将自然资源这一关键要素纳入企业发展中，形成了资源基础理论。随后，学者罗素和弗特斯（Russo & Fouts，1997）、沙尔马和维里丹伯格（Sharma & Vredenburg，1998）等又进一步扩展了该理论，他们表明企业要想拥有持续竞争优势就必须关注自然环境的影响以及自然资源对企业可持续发展的制约作用，企业应将环境管理纳入企业战略决策当中，因此，环境战略成为战略管理中的重要研究课题（Judge，1998）。许多学者对企业环境战略的概念进行了界定，纵观这些研究，本书将比较权威、有影响力的国内外学者对企业环境战略的概念界定总结如下，见表2.2。

表2.2　　　　　　　　　　　　企业环境战略的定义

学者	年份	定义
沙尔马和维里丹伯格（Sharma & Vredenburg）	1998	为减缓企业经营管理中对环境造成过多负面影响，企业遵守环境规制并满足自愿行为的要求，以此开展一系列行动的结果
巴内吉等（Banerjee, et al.）	2003	企业所涉及的环境问题与战略规划相结合的程度

学者	年份	定义
马克和常（Mak & Chang）	2019	组织为减少或最小化经营活动对自然环境污染而采取的战略行为
杨德锋和杨建华	2012	企业为缓解自然环境问题而制定的战略
和苏超等	2016	企业环境战略是一种行为模式，旨在协调商业行为与自然环境之间的关系
李冬伟和张春婷	2017	企业通过向外部公布的方式，发布其为履行环境责任制定的战略规划，进而凸显企业实施环境管理的过程和程度
张根明和张元恺	2019	企业为满足社会发展趋势、获得持久竞争力而开展的工艺流程创新等环境管理行为
吴建祖和袁海春	2020	为遵循环境规制而主动承担环境社会责任，以降低企业行为对自然环境不利的战略选择行为
朱纳德等（Junaid et al.）	2022	环境战略是指企业有效管理环境与企业之间的联系，包括一系列可以最大限度地减少业务运营对环境的不利影响的行动

资料来源：本书整理。

依据国内外有关学者的研究成果，基于战略层面和企业全局视角，对本书企业环境战略的概念进行界定，即企业为遵守政府部门颁布的环境政策或实施自愿性环境治理，旨在降低企业生产经营活动对自然环境产生负面影响的战略规划，进而实现经营生产与生态环境互利共赢的长远发展目标。

2.1.3　企业绿色创新

（1）企业绿色创新的概念

20 世纪 90 年代，学者们开始关注减少对环境负面影响的创新，提出了绿色创新、生态创新、可持续创新和环境创新四个相近的概念。在 1997 年之前，学者们多用环境创新这一概念。自 2000 年以来，可持续创新这一概念成为主流，并且目前是主要术语。2005 年以后，绿色创新和生态创新的概念越来越多地用于科学出版物。表 2.3 整理了关于绿色创新、生态创新、可持续创新和环境创新概念的代表性定义。

表 2.3　　　　　绿色创新、生态创新、可持续创新和环境创新的概念

概念	作者	年份	定义
环境创新	詹姆斯（James）	1997	在为客户提供价值的同时又可以明显减少对环境影响的新产品或新工艺
	肯普和阿伦德尔（Kemp & Arundel）	2002	避免或减少环境破坏的新的或经过改进的过程、技术、系统和产品
	奥尔特拉和桑特（Oltra & Saint）	2009	对环境有益，并因此有助于环境可持续性的新的或经修改的工艺、实践、系统和产品组成的创新
可持续创新	查特和克拉克（Charter & Clark）	2007	从创意产生到研发和商业化，将可持续发展的考虑因素（环境、社会、经济）整合到企业系统的过程
	泰罗和尹（Tello & Yoon）	2008	开发新产品、工艺、服务和技术，有助于人类需求和制度的发展和福祉，同时尊重世界的自然资源和再生能力
	布罗弗斯（Bos - Brouwers）	2010	产品、服务、技术或组织过程的更新或改进，在短期和长期内，不仅能带来更好的经济绩效，而且还能提高环境和社会绩效
生态创新	弗斯勒和詹姆斯（Fussler & James）	1996	开发新产品、工艺或服务的过程，这些产品、工艺或服务提供客户和商业价值，并显著降低对环境的影响
	肯普和皮尔森（Kemp & Pearson）	2007	生产、应用或开发一种对组织来说是新颖的产品、生产过程、服务或管理或商业方法，并且在整个生命周期内，与相关的替代方法相比，减少了环境风险、污染和资源使用的其他负面影响
	经济合作与发展组织	2009	产品和服务、工艺、制度安排、营销方法、组织架构的明显改进或新创造，无论是有意还是无意，与相关替代方案相比可以改善环境
	霍巴赫等（Horbach et al.）	2013	通过新产品、新工艺或新服务逐步或大幅度减少其对环境负面影响的创新

续表

概念	作者	年份	定义
绿色创新	陈等（Chen et al.）	2006	绿色产品或工艺有关的硬件或软件创新
	李等（Li et al.）	2017	产生新的想法、商品、服务、工艺或管理系统用来应对环境问题
	陈等（Chen et al.）	2018	改进工艺、技术、系统、产品和管理实践来减轻生产和运营对环境的负面影响的创新
	马等（Ma et al.）	2018	对企业而言是新颖的，可降低环境风险的商品、服务、工艺、组织结构或管理或业务方法的生产、应用或开发
	乔菲	2022	绿色创新是指以减少环境污染为目的的技术创新，包含绿色产品研发、绿色技术引进、绿色流程再造、绿色系统升级等
	刘丽娜	2023	开发或修改产品设计、创造新生产方式的过程，旨在通过提高资源利用率来提升企业盈利能力并最小化对环境的负面影响

资料来源：本书整理。

施德里格等（Schiederig et al.，2012）讨论并比较了生态创新、绿色创新、可持续创新、环境创新这四个概念，以了解这些概念的异同。其认为生态创新、绿色创新和环境创新这三个不同的概念在很大程度上是同义词，而可持续创新与其他三个概念之间的主要区别是其拓宽了内涵，不仅涉及经济、生态方面，还包括社会方面。虽然生态创新、环境创新、绿色创新和可持续创新这四个概念的定义在描述精度上显示出微小的差异，但就内容而言，它们似乎研究的是同一个主题，都与具有环境效益的创新有关。在现有文献中，这四个概念经常被学者们同义使用，因此，本书和阿尔菲（Arfi，2018）、张（Zhang，2019）、王彩明（2019）的研究一样，不具体区分这些概念之间的细微差别，而是使用绿色创新表示所有相关术语。借鉴学者们对相关概念的定义，本书认为：企业绿色创新是指企业在产品、工艺、管理、服务等方面的新创造或重大改进，可以有效减少对环境的负面影响。

（2）企业绿色创新的分类

学者们基于不同视角对绿色创新进行了分类。陈等（Chen et al.，2006）、齐等（Qi et al.，2013）、林等（Lin et al.，2014）、黄和李（Huang & Li，2017）、李等（Li et al.，2017）、何和姜（He & Jiang，2019）将绿色创新分为绿色产品创新和绿色工艺创新。其中，绿色产品创新是指修改现有产品设计的过程，以减少产品生命周期中任何阶段对环境的负面影响，例如，设计污染少，毒性低的产品；开发环保材料；设计可回收或可分解的产品（Li，2017；He，2019；Chen，2006；Wu，2013）。绿色工艺创新是指对制造工艺的任何修改，以减少材料获取、生产、交付阶段对环境的负面影响，例如，减少制造过程中的有害排放物或废物，回收废物和可再利用的排放物以及减少能源和原材料消耗的活动（Li，2017；He，2019；Chen，2006；Wu，2013）。然而这种分类更多的关注于技术方面的创新（产品创新和工艺创新），而忽略了非技术方面的创新。施德里格（2012）、马（2018）等学者指出，绿色创新可能是技术性的创新（产品和工艺），也可能是非技术性的创新（组织结构、管理或商业模式）。基于这个标准，李（2018）、阿布巴斯和萨格桑（Abbas & Sağan，2019）、齐（2021）等将绿色创新分为绿色技术创新和绿色管理创新。绿色技术创新是指环境科学与技术相结合，以改进现有或发明新的产品或工艺，并遏制商业运营对环境的有害影响，例如，开发有助于节约能源和原材料、高效利用能源的技术和产品，实施可生物降解包装等（Abbas & Sağsan，2019；Li，2018）。绿色管理创新是指采用新的组织结构或管理系统，从而改进生产和管理流程，以减少对环境的不利影响，例如，实施标准化的环境管理体系 ISO14001 等（Li，2018；Abbas & Sağsan，2019；Qi，2021）。此外，加西亚·格拉内罗等（García – Granero et al.，2018）认为，绿色创新包括产品、工艺、组织和营销四个方面。郝等（Hao et al.，2019）将绿色创新分为研发、营销、制造、管理四个维度。王建明等（2010）将绿色创新分为技术、生产、营销三个维度。李旭（2015）将绿色创新分为资源节约型、环境友好型以及混合型（资源节约＋环境友好）。

本书认为绿色的非技术创新不可忽视，借鉴李等（2018）、阿布巴斯和萨格桑（2019）、齐（2021）等对绿色创新的分类，将企业绿色创新分为：企业绿色技术创新和企业绿色管理创新。

2.2　理 论 基 础

2.2.1　制度理论

19 世纪经济学、政治学和社会学等领域的发展掀起了学术界对"制度理论"的研究热潮，当时市场经济体处于转型时期，有利于理论界开展企业与制度环境之间的关系研究，也进一步推动学者们深入理解外部制度和企业战略行为的影响。目前，对制度理论的阐述大致分为两个主流视角，分别是从经济学领域探讨制度理论和从组织社会学视角探讨制度理论（潘楚林，2016）。

经济学视角下的制度理论强调制度环境对个体或组织决策和行为的影响（Sahin & Mert，2022），企业日常经营决策目标是以利润最大化为主，因此组织之间存在决策差异性是制度环境约束的作用。诺斯（North，1990）提出制度包括法律、法规、规章等正式制度，以及文化、习俗、意识形态等非正式制度，这些正式制度与非正式制度为经济活动设置了"游戏规则"（the rules of the economic game）。此观点被学者们广泛应用于制度环境对企业生产经营决策和经济绩效表现的影响研究中，其中比较具有代表性的是关于制度性交易成本或称为制度成本的讨论。制度环境使得企业面临着制度性交易成本，即企业因使用各类公共制度而支付的成本，是属于企业自身经营性成本以外的、受制于制度性安排的外部成本，这种成本关系到企业能否在激烈的市场竞争中获得生存或发展（饶远，2022）。与非正式制度相比，政府颁布的各类法律法规等正式制度所引发的制度性交易成本更为明显，对企业战略决策和生产经营活动具有重要的影响（程波辉，2020）。

在推动企业解决环境污染问题的过程中，政府会通过各种环境规制给企业带来较高的规制成本，进而促进企业在成本权衡中作出有利于改善生态环境的选择。

与经济学视角不同，组织社会学视角的制度理论强调组织不仅追求经济效率，而且还试图符合公认的规范并保持合法性（饶远，2022；Sahin & Mert，2022）。在制度环境中组织不单单是独立的经济体而是社会环境中的有机体，企业行为受到制度因素的约束，因此，企业应当从合法性角度考虑自身经营行为，实现长久持续的发展。斯科特（Scott，2010）的研究在该领域具有较强的代表性，其通过对相关学术观点的梳理整合提出制度包括规制性、规范性和文化 - 认知性三大要素，其中规制性要素是指具有强制性扩散机制的规制性规则，表现为法律、规则、奖惩等。组织的经营活动需服从和遵守这些规制性规则以获取权力机构的认可或授权；反之则可能受到相应的惩处（姚凯，2022），这是组织满足生存和发展的"合法性"。在环境问题方面，如果企业积极遵守环境规制的要求并向外界展现出良好的环保责任，其合法性也将赋予企业更多的资源，进一步提升企业处理环境问题的能力和积极性。

制度理论既提供了从经济学视角出发分析环境规制如何在企业追求经济效率的同时促使企业提高对于环境问题重视程度的研究基础，也提供了组织社会学视角下规制性要素通过合法性影响企业生产经营的合理解释。

2.2.2　高层梯队理论

新古典经济学中认为组织决策者之间能够完全替代，即他们总是追求股东利益最大化，因此当身处不同经营环境时会作出同质理性的选择，却忽视了决策者个人差异对战略选择的影响。高管团队作为组织决策的核心成员，在企业组织经营中承担着至关重要的角色。哈姆布里克和梅森（Hambrick & Mason，1984）在 *Academy of management review* 中首次提出高层梯队理论，他们将人口统计学特征变量引入企业战略选择中，开创了企业战略选择方面的全新研究视角。高层梯队理论的核心思想是高层管理者会对其面临的组织环境给予个性化解读和选择，其行为是认知、价值观、职能经验等个人特征综合反映的结果，进而决定组织战略的形成，同时也影响他人行为。高层管理者的特征主要涵盖以下两方面：一是可观测的人口背景特征（年龄、性别、从业背景等），二是不可观测的心理特征（认知、价值观）。哈姆布里克和梅森提出的高层梯队理论模型如图 2.1 所示。随着学术界相关研究的拓展，最初的高层梯队理论在融合新的研究成果后进一步得到修正。哈姆布里克（2007）对高管团队这一研究对象的重要性和必要性进行重申，认为未来"高层梯队理论"需要重视高管自由裁量权、高管团队整合等变量的调节性。此外，卡朋特（Carpenter, 2004）提出已修正的高层梯队理论中将组织环境加入前置因素中，扩充了高管团队特征的选择，将与组织产出效率相关的技能、资源和信息的获取能力等变量考虑其中，同时模型中还扩展了组织绩效和董事会等因素。高层梯队理论的进一步拓展有利于更全面地阐述高层管理者与企业战略之间的关系。

在近 40 年的研究与发展过程中，高层梯队理论已经成为学者们分析高管团队特性时广泛运用的理论模型。在我国现有研究中，高管团队人口特征变量常被作为研究重点，主要探究高管团队性别差异（张兆国，2018）、年龄（崔小雨，2018）、任期时间（钟熙，2019）对企业绩效的影响。由于缺少科学有效的研究方法，学者很难客观地衡量高管心理特征，并且管理者认知和价值观会受到多种因素干扰；由于基于人口特征数据更便于观测和获取，能够打破与"人"相关研究的局限性，才会被学术界广泛认可。然而替代变量存在不可忽视的问题，比如测量标准不统一，数据具有噪声干扰，难以全面反映高管认知模式和心理特征（Hambrick，1984），这使得中间过程成为一个"黑箱"。因此，部分学者展开对高管团队心理状态或认知过程的探索，将高管环保意识（边明英，2021）、高管认知（邹志勇，2019）等变量引入研究模型中讨论其对于企业战略决策及绩效的影响。当前从社会学和心理学领域测量高管团队认知已成为企业战略管理研究的重要趋势。因此，本书将高管认知作为中介变量，探究企业在面对外部环境规制时，高层管理者如何依据自身价值观和认知基础对外部机会进行甄别和筛选，以此制定出有利于企业发展的战略决策，从而揭示企业内部的作用机理。

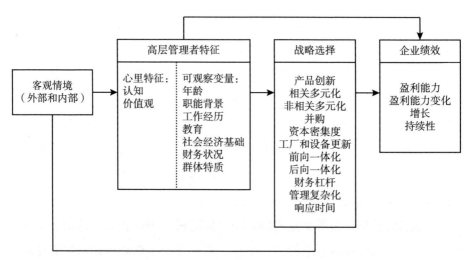

图 2.1　哈姆布里克和梅森（1984）的高层梯队理论模型

资料来源：Hambrick & Mason（1984）.

　　卡朋特等（2004）回顾了 1995～2003 年基于高层梯队理论的实证研究，发现最近的研究在很大程度上侧重于增加对管理人员影响重要组织产出的过程理解的细微差别，并通过新的改进来阐述哈姆布里克和梅森（1984）的原始模型。卡朋特等（2004）将这些最新的研究进展与最初的哈姆布里克和梅森（1984）高层梯队理论研究框架整合在一起，形成了第二代高层梯队理论模型，如图 2.2 所示。该改进模型识别了高层管理团队组成的主要组织和环境因素；还突出了一系列理论构念，这些构念由最新研究中的高管团队特征代表，并与主要组织成果有实证联系。此外，该模型反映了最显著的介入变量，即改进框架中的五个调节变量和中介变量。最后，该模型将组织产出根据战略、绩效和高层本身进行区分，用反馈循环描述潜在的递归关系。对高管团队特征的研究极大地帮助了对其他组织现象的理解，直到今日高层梯队理论仍是战略管理领域的重要理论基础。

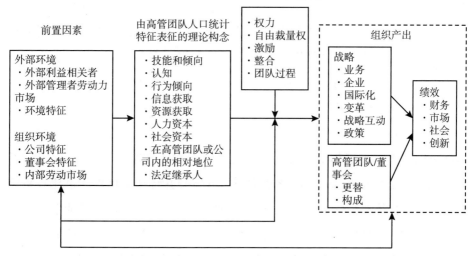

图 2.2　卡朋特等（2004）改进的第二代高层梯队理论模型

资料来源：Carpenter et al. , 2004.

2.2.3　社会认同理论

社会认同理论最初是由塔吉菲尔（Tajfel）于 20 世纪 70 年代发展起来的，他将其早期关于分类和社会认知方面的科学研究及以社会问题为导向的关注结合起来，以解释社会中的偏见、歧视和群体间的冲突（Hogg，2016）。塔吉菲尔（1972）认为，社会认同是指个体认识到自己属于某个社会群体，同时这个群体成员身份对他有一定的情感和价值意义。社会认同理论的核心前提是，在很多社交场合，人们认为自己和他人都不是独立的个体，而是某个群体中的一员。该理论认为，社会认同是群体间行为的基础，并与人际行为有质的区别（Ellemers，2012）。

社会认同理论将社会认同的基本心理过程分为三个：社会分类、社会比较、社会认同（Ellemers，2012）。

社会分类就是把独立的个体聚集成群体的过程，被认为是一种常见的、功能性的心理过程，提供了一种应对复杂社会情境的方法。社会分类是通过一些用来定义群体的重要特征将个体区分不同的群体，属于同一群体的个体在这些特征上具有共性。社会分类强调了同一类别群体中个体间的相似性，以及被分属于不同类别群体的个体间的差异。因此，当人们被分为不同类别的群体时，定义其个体独特性的特征就会被忽视，定义群体成员身份的特征成为关注的焦点。特纳（Turner，1985）指出，人类会自动进行群体分类，并将自己纳入某一类别的群体。

社会比较是对特定群体特征进行解释和评价的过程。人们可以通过比较一些可以用来定义群体的特征，以此确定一个群体在某方面的好坏。因此，与有助于确定个人价值的人际比较类似，群体及其特征也可以通过比较来评估。不同的群体特征的集合，以及某一群体与其他群体在这些特征上的比较结果，决定了该群体的社会地位或感知声望。社会分类决定了个体如何被划分为群体，而社会比较则定义了每个群体区别于其他相关群体的方式。

社会认同说明了人群分类不同于客体分类的一个关键原因：自我也可以被视为属于一个社会群体，自我被包含在某些社会类别中，被排斥在其他社会类别之外。因此，当特定的特征与一个社会群体相关联时，或者当这些特征以某种方式被重视时，社会认同的过程决定了这如何反映自我。要么认为自我与该群体一致，并可能分享其特征；要么认为自我与该群体及其特征截然不同。重要的是，社会认同不仅包括一个人可以被纳入特定群体的认知意识，还包括该群体成员身份对自我的情感意义。如果人们关心他们所属的群体（内群体），他们就会有动力去强调这些群体的独特身份，并保护或提高这些群体及其成员所获得的价值，有时可能会以牺牲其他群体及其成员（外群体）的利益为代价，导致内群体偏好和外群体偏见的产生。

2.2.4 信息决策理论

信息决策理论认为，信息是决策的基础（Williams，1998）。桑诺（Shannon，1948）认为，信息是消除不确定性的东西。由此可见，信息的数量越多、质量越高，越能降低不确定性，减少决策风险，帮助决策者提高决策质量

（应春，2004）。决策过程本质上是一个信息的流动和再生过程，决策者收集决策对象的相关信息，经过信息处理作出决策，实施决策，然后收集反馈信息，进一步修正决策，最终实现决策目标（杨善林，2003）。奥尔森（Olson，2007）指出，事实上，企业是一个信息处理系统，企业决策需要管理者对信息进行处理，团队成员交换、处理和解释各种来源的信息以制定决策，并在决策实施过程中发送信息。如果不完全了解成员提供的信息，就会面临相当大的风险。

信息决策理论的核心是决策的好坏取决于信息的数量和质量。信息决策理论认为，异质性使团队的认知资源（包括信息和知识）更加多样化，通过认知资源的共享和互补，为群体决策提供更加充分的决策依据（韩立丰，2010）。此外，团队异质性带来了不同的观点和看法，使团队能更加全面地审视所需解决的问题、评估各解决方案，提高企业决策质量。决策过程中团队人员的不同视角甚至是分歧的观点都有可能是有价值的资源，团队人员可以就这一冲突进行深入讨论，通过反思式的沟通促进创新、创造力，避免群体的"盲思"现象（韩立丰，2010）。

2.2.5　外部性理论

外部性理论源自经济学领域，主要用于阐释和证明当市场机制失灵时政府对于经济活动进行干预的合理性（许云，2004）。经济学家马歇尔于1910年最早提出的"外部经济"概念为外部性理论的发展奠定了最初的基础（Beier，2022）。学者们对外部性理论的探讨核心在于"外部性"的概念，当前较为主流的观点认为，外部性是指一个经济主体的行为影响了其他经济主体的利益，但无法通过市场机制的内部自发作用获得相应补偿的情况。其含义通常包括三个要素：（1）一方的行为对另一方造成积极或消极影响；（2）此影响未经另一方同意而强加于另一方；（3）外部性标志着帕累托效率不高的情况（许云，2004）。

在经济学中，对外部性理论的探讨主要可划分为两个学派：庇古学派和科斯学派。其中，庇古学派在 20 世纪的大部分时间里占据主导地位，其可以追溯到庇古在《福利经济学》（1920）中的分析。庇古学派的主要观点是外部性代表了边际私人成本（收益）和边际社会成本（收益）之间的分歧，当企业在经济活动中给其他企业或整个社会造成不需付出代价的损失时，企业的边际私人成本低于边际社会成本，此时会产生负外部性；而当企业给其他企业的或整个社会带来的收益大于其自身收益，即企业的边际私人收益低于边际社会收益时，正外部性出现。正负外部性的存在显示市场机制的失灵，庇古认为，此时应由政府对经济活动进行干预来应对外部性问题，从而使得资源配置符合社会整体利益。具体措施为对正外部性进行奖励或补贴，对负外部性实施征税，这种通过征税或补贴的手段实现外部性内化的手段被称为"庇古税"（Beier，2022）。与庇古学派的观点不同，科斯在其著名的文章《社会成本问题》（1960）中指出，外部性的产生并非市场机制的固有结果，而是由于没有对产权进行清晰的界定，只要产权是明晰的，私人之间的契约同样可以解决外部性问题，实现资源的最优配置，政府无须采取"庇古税"的措施。由此，科斯学派主张政府部门可以通过立法等方式来界定产权以处理外部性问题。

当外部性理论逐渐由经济学领域向外延伸并与环境问题相结合时，与环境外部性有关的研究应运而生。田等人（Tian et al.，2020）指出，环境外部性是一种社会经济主体从事经济活动时，所产生的环境成本和环境收益并不完全由该主体承担的效应。环境外部性广泛存在于我们的生活中，比如典型的环境负外部性例子：工厂的生产经营对附近地区造成环境污染并给附近居民的生活带来困扰，此时环境负外部性产生的原因是工厂自身的生产成本小于社会整体承担的环境污染成本。与环境外部性概念的产生相应，庇古学派和科斯学派的主要观点也被学者们引入如何有效解决环境外部性问题的研究中，并逐渐演化为关于市场激励型环境规制的探讨，即市场激励型环境规制下不仅包含环境税费和环境补贴，也包含排污权交易、碳交易等规制工具（Yi，2022；李瑞前，2020；何兴邦，2020）。本书沿袭外部性理论中庇古学派的主要观点，重点关注了环境税费和环境补贴在企业环境方面发挥的作用。

第 3 章

政策文本变化

政策文本方法能对政策的颁布时间、制度效力、政策体例和政策主题等形式特征变量进行分析研究，适用于与政策相关的各种主题研究。环境规制是政府职能部门为了预防和控制环境污染所制定的一系列约束性、规范性和引导性规制措施的总和，这些规制措施大多以下发政策文件的方式进行约束和处理，并且企业承担的环境责任属于企业社会责任的一环。因此，本书先对企业的社会责任政策文本进行分析，以探究环境责任在企业社会责任中的重要性，进而具体分析环境政策文本，为本书后续对环境规制、企业环境战略和绿色创新绩效三者之间的关系研究提供基础。

3.1　企业社会责任政策文本变化

企业社会责任（corporate social responsibility）是企业基于契约形式对各方利益相关者所需承担的综合责任，企业需要通过满足利益相关者的诉求来实现社会与企业的协调发展。目前，ISO26000《社会责任指南》和 GRI 4.0 标准定义了企业社会责任的内涵。ISO26000《社会责任指南》认为企业社会责任主要包括：劳动实践、人权、消费者问题、公平运营、组织治理、环境、社区发展等方面。GRI 4.0 标准认为企业社会责任主要包含：劳务管理、经济、人权、产品责任、治理、环境、社会等。因此，企业社会责任政策是涉及劳动实践、经济、人权、产品责任、治理、环境、社会等方面能够规制和促进企业积极承担各方利益相关者责任的政策。

近年来，学者对于公共政策的研究逐渐由定性转向定量。研究多从政策的发布数量、政策内容、政策主体、政策涉及行业、政策类型等方面展开分析（刘凤朝，2007；彭纪生，2008；郑代良，2010；马艳玲，2015）。本书充分参考以往学者的研究成果，针对企业社会责任政策进行文本分析，以期厘清研究区间内企业社会责任政策的重点主题，政策主体的分布，为企业社会责任政策制定者提供一定的指导作用。

3.1.1　政策样本选择

本书将政策样本的收集时间范围界定为 2011～2020 年。2011～2020 年正是"十二五"和"十三五"规划期间，在国家计划层面，是一个较长的完整周期。同时，2010 年 11 月 1 日，国际标准化组织（ISO）正式发布了社会责任指南标准（ISO 26000），该标准是国际各利益相关方代表对社会责任相关方面所达成的基本共识，是全球社会责任发展的里程碑和新起点，对于我国的企业社会责任发展也具有重要意义，2015 年 6 月，我国《社会责任指南》（GB/T36000 – 2015）、《社会责任报告编写指南》（GB/T36001 – 2015）和《社会责任绩效分类指引》（GB/T36002 – 2015）三项国家标准正式发布。

本书选择政策样本的流程与方法：第一，通过广泛阅读企业社会责任政策相关书籍与文献，将政策文本检索关键词设置为："企业社会责任""公司社会责任""企业可持续发展""企业公民""企业责任""企业环境责任""企业道德责任""企业经济责任"。第二，出于全面性与可用性的考虑，本书选取了北大法宝数据库进行政策文本的检索。北大法宝是 1985 年由北京大学法制信息中心与北大英华公司联合创建的法律数据库，它涵盖了自 1949 年以来所有的法律法规，也是目前国内最成熟、最专业、最先进的法律法规检索系统。

在前期政策样本收集的过程中，为了保证检索的准确性与效率，本书制定了以下检索原则：①在效力级别与发布部门上，选择"中央法规司法解释"政策数据，包含法律、行政法规、部门规章等，发布部门含国务院等中央机构，而"地方法规规章"由于均为地方规范性文件，其作用范围存在差异，约束能力有限，并与中央政策在内容上存在重叠，故不将其纳入研究样本；②在法规内容上，对政策样本的内容进行辨别，须与企业社会责任及其所包含的相关社会主题的内容直接相关；③在政策类型上，选择包括通知、办法、条例、纲要等体现政府对企业社会责任发展所关注的政策，同时也包括政府具有针对性的批复、意见等。遵循以上检索原则，最终共收集到 609 项企业社会责任政策文本。

3.1.2 政策文本分析

本书的政策文本分析过程，首先借助于 ROST Content Mining 系统对政策文本关键词进行提取，构建了关键词的共词矩阵，之后运用 Ucinet 软件对关键词进行了社会网络分析，以期解析出企业社会责任政策核心内容及其存在的问题。

通过对政策文本进行预处理，进一步筛选有效信息，将政策文本标准化处理。其次运用 ROST CM 分析软件对政策"母文本"进行"分词"以及"词频分析"等探索性分析，得到高频词关键词 68 个。然后为了保证所提取关键词的有效性，必须通过人工干预，对文本做进一步整理。

第一，通过 ROST CM 软件的分词过滤功能，过滤掉与研究主题关联性不强的词组，如"铁路""主管""团结"等，以及不能明确表征意义的词组，如"最低""至少""这次"等。

第二，利用 ROST CM 软件的自定义词表功能，在自带词表的基础上，依据样本内容对词组自定义，对 ROST CM 软件分词的依据进行重新定义，增加一部分新生词组。为保证所选词表的科学性，本书以 ISO 26000 标准和 GRI 4.0 所总结的核心主题及其主题下的相关议题作为关键词自定义词表的依据。

在提取到关键词后，对于意思相近或具有包含关系的词进行归并处理，为防止其中的较低词频对分析结果造成干扰，仅选取了前40个高频关键词进行分析（见表3.1）。

表3.1 企业社会责任政策高频关键词

关键词	词频	关键词	词频	关键词	词频	关键词	词频
企业	3 911	环境	3 611	资源	2 174	社会	2 071
安全	2 029	技术	1 901	体系	1 829	质量	1 725
机制	1 510	市场	1 440	综合	1 433	标准	1 395
经济	1 350	制度	1 297	污染	1 280	地区	1 278
生态	1 209	基础设施	1 203	环境保护	1 180	监管	1 179
能源	1 151	节能	1 130	政策	1 113	创新	1 107
规范	1 028	治理	935	培训	872	经营	849
风险	847	文化	837	政府	790	排放	760
评价	644	责任意识	626	防治	555	投资	514
农村	513	化学品	361	产品质量	315	慈善	211
互联网	198	信用	177	共享	134	职工	111
健康	107	公益	103	价值	98	权益	90
当地	88	社区	79	模式	77	自治	75
食品	69	垃圾	64	药品	60	战略	57
电子商务	55	工艺	54	隐患	51	塑料	50
建材	48	电池	45	公众	44	有害物	40
信息化	39	投诉	37	新兴产业	33	奖励	30
家电	29	考核	25	人力	16	公证	12

3.1.3 企业社会责任政策内容分析

（1）绘制社会网络关系图

对企业社会责任政策进行内容的深入分析，需要构建企业社会责任政策关键词共词矩阵。共词矩阵是通过对主题词两两之间共现频率的统计集合，判断该领域内各个主题之间的关系（Qin，1999）。本书选取表 3.1 中前 40 个关键词，借助 ROST CM 中的语义网络，构建共词矩阵，其中，关键词共现值是两两关键词在"母文本"中同一行出现的数量，两词同时出现的频率越高，说明它们的关系就越密切，最终形成一个 40 × 40 的共词矩阵。为更加直观明了地看出关键词之间关系，本书进一步将共词矩阵导入到 Ucinet 软件中，通过嵌入在该软件中的 NetDraw 模块，对共词矩阵进行可视化网络构建。最终，得到我国企业社会责任政策文本特征网络关系图，如图 3.1 所示。

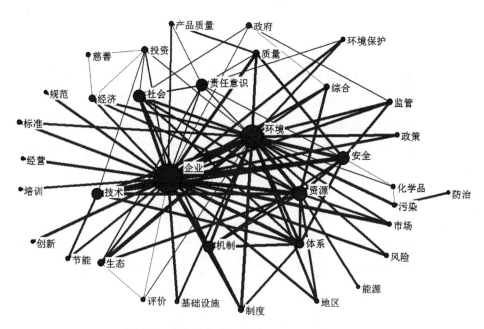

图 3.1　企业社会责任政策文本特征网络关系

如图 3.1 所示，图中每一个节点都代表政策文本中的关键词，节点越大表示在该网络中与之存在关联的节点越多，该节点在整个网络中越重要。节点间的连线代表其存在关联性，连线越粗，表示两者之间的联系越强。从图 3.1 中可以清晰看出，政策关键词之间存在相互联系，但是每个关键词在该网络中的影响力是存在差异的。整体上来看，中间区域的网络比较紧密，周边相对稀疏。"企业""环境""资源""安全"等关键词处于图谱的中心位置，它们之间的联系也较为紧密，这些关键词是企业社会责任政策文本的核心内容，同时也是政府实施企业社会责任政策所期望产生作用影响的核心议题。

（2）点度中心度分析

点度中心度是指与某个节点直接相连的节点的数目，是衡量行动者在网络中所处地位的指针，用来测量网络中行动者的自身交互能力（朱亚丽，2005）。点度中心度主要有三个衡量指数：Degree、Nrm Degree、Share，分别表示绝对点度中心度、相对点度中心度和中心势指数。绝对点度中心度是指该节点与网络中其他节点直接相连的个数；相对点度中心度则采用比值的形式，可用于多个网络间的节点中心度的比较；中心势测量的是一个图在多大程度上围绕某个特殊点建构起来。点度中心度的数值越大，代表某个关键词与其他关键词在网络中共同出现的频率越大，其位置也就越重要，对整个网络的影响力就越大，通过分析结果可以看出哪些主体在网络中处在核心位置。在 Ucinet 软件中，选择 "Network – Centrality – Degree" 对政策文本进行点度中心度分析，可以看出哪些主体在网络中处在核心位置，分析结果如表 3.2 所示。

表 3.2　　　　　　　　　　　点度中心度分析结果

关键词	Degree	Nrm Degree	Share
企业	28 637.000	40.434	0.197
环境	22 066.000	31.156	0.152
资源	12 366.000	17.460	0.085
安全	8 621.000	12.172	0.059
体系	7 891.000	11.142	0.054
技术	6 543.000	9.238	0.045
机制	6 516.000	9.200	0.045
社会	5 194.000	7.334	0.036
制度	3 858.000	5.447	0.027

续表

关键词	Degree	Nrm Degree	Share
质量	3 710. 000	5. 238	0. 026
…	…	…	…
排放	0. 000	0. 000	0. 000
文化	0. 000	0. 000	0. 000
Mean	3 631. 150	5. 127	0. 025
Std Dev	5 683. 330	8. 025	0. 039
Sum	145 246. 000	205. 080	1. 000
Variance	32 300 234. 000	64. 394	0. 002
SSQ	1 819 419 392. 000	3 627. 203	0. 086
MCSSQ	1 292 009 344. 000	2 575. 756	0. 061
Euc Norm	42 654. 652	60. 226	0. 294
Minimum	0. 000	0. 000	0. 000
Maximum	28 637. 000	40. 434	0. 197
Network centralization = 37. 17%			
Heterogeneity = 8. 62% , Normalized = 6. 28%			

由表 3.2 能够看出,"企业"的点度中心度最大,绝对中心度为 28 637,相对中心度为 40.434。由于本书所研究企业社会责任政策的核心受众对象即为企业,因此"企业"必然在政策文本网络中处于核心地位,但这与政策文本的内容分析无关。在整体网络中,平均绝对中心度为 3 631.150,平均相对中心度为 5.127,点度中心度超过均值的关键词有 10 个,占比 25%,这说明在该网络中,只有少部分关键词之间存在着比较紧密的联系,大部分主体之间的联结状态较为松散。整个网络的点度中心度为 37.17%,中心度趋势并不高,各个主体关键词之间的联系相对并不均匀,这也同样印证了只有少部分主体呈现出联系紧密的状态。

通过对企业社会责任政策内容的社会网络分析,本书针对分析结果,对企业社会责任政策目前存在的问题与现状进行了如下讨论。

①企业社会责任政策方向性主题较多。

结合对企业社会责任政策的文本分析结果来看，能够发现，企业社会责任政策主要是围绕"环境""资源""能源"等方面所展开的，这些核心主题词是政府在企业社会责任规制中所关注的重要内容。在实际的分析中，能够发现，政策文件中反复会强调"机制""体系""制度"的构建与形成，强调企业社会责任在市场、经济、社会层面的重要影响与作用，涉及的方向性主题较多，实操性引导较少，并在大力倡导企业"责任意识"的构建。诚然，意识是行为的先导，意识与认知是企业社会责任实践的基础与先导（尹珏林，2012），企业社会责任意识的唤醒能够更有效、更深入地提高企业社会责任实践。但引导企业树立企业社会责任意识是一个相对困难和长期的过程，企业处于趋利的经营目的，在没有政府明确引导或要求的情况下，很大可能对于这些企业社会责任政策视若无睹（万寿义，2014）。因此，政府在制定政策时，还需平衡方向性与指导性的主题关系，使得政策既具备方向上的指引，也存在实操性的指导，防止出现政策难以落地的情况。

②企业社会责任政策核心主题关联性不高。

整个关键词网络表现出较低的中心度趋势，整个网络的点度中心度为37.17%，网络节点之间的联系较为松散，关键词网络只在小范围内有一定的集中趋势，多数关键词关联不大或者没有关联。这表明研究区间内的企业社会责任政策缺乏一致性与稳定性。这表明，目前所颁布企业社会责任政策的提出缺乏核心指引，政策的关注点较为分散，很多政策的出台都是就当前的问题提出一些整改措施或调整意见，缺乏整体性。而事实上，企业社会责任的内涵十分丰富，涉及面十分广泛，因此，在引领企业社会责任发展的过程中，需要准确把握识别核心要素，并将企业社会责任的规制活动围绕核心层展开，将企业社会责任各个方面的引导与规制有机结合，以整体的视角来促进企业社会责任的实质性发展。

③企业社会责任政策主题全面性不足。

通过上文对企业社会责任政策主题的分析，能够发现企业社会责任政策所涉及主题的并不全面，尤其通过与 ISO 26000 和 GRI 4.0 等国际标准对比来说，我国企业社会责任政策在主题涵盖方面存在明显的不足。例如，在企业的重要利益相关者——员工方面，我国企业社会责任政策就十分匮乏。虽然我国有成熟的《劳动法》为员工提供保障，但其法律仅仅是基础层面的基本保护，在保护员工合法权益的同时，企业还对员工承担着更深层次的责任，比如员工的培训、教育与发展等。在本书所收集到的 609 项政策中，仅有 2 项政策提及了对员工展开培训的相关内容，对于员工方面的责任我国政府的关注点还仅仅是停留在基本权益的保护上。我国企业社会责任的起步相对较晚，目前还处于对企业社会责任的探索阶段。因此，企业社会责任政策在内容主题设计上还有更多可扩展的空间，有更多方面的责任内涵亟待丰富和落地。

3.2　环境规制政策文本变化

3.2.1　政策样本选择

为有效衡量我国政府的环境规制，原始政策文本也主要从"北大法宝"法律法规系统中检索获取。北大法宝数据库检索页面专门设有法规类别一栏，其中包含疫情防控、知识产权、财政、环境保护、交通运输等多种类别的法律法规，环境规制的相关政策文本就来源于环境保护这一法规类别。

3.2.2　政策文本分析

2 名研究生、3 名本科生的通力协作，将 2015～2020 年环境保护类别中的政策文件以 TXT 格式下载并形成初始文件夹，最终获得环境规制相关政策文本共计 476 份。为确保选取的研究对象是关于环境保护政策的代表性文件，需要对上一轮收集的政策文本进行内容查阅，开展筛选及整理工作。本书制定检索和筛选原则如下：①政策发布主体：本书所选用的政策文本为中央层级的文本，发文单位为全国人大及其常委会、国务院及其直属机关和国务院各部委，而由各省、市、直辖市、自治区等地方部门所颁布的"地方法规规章"，其约束范围小，且各地方政策均是基于对中央层面政策的理解而制定的具有地域特征的执行性政策文件；②法规内容：所收集到的政策文件内容包括节能降耗，污染物排放、环境影响评价、工业固体废物资源综合利用、节能低碳技术推广等，并且选取和制造业相关的通用型政策，对于相关性较弱的政策文本不纳入其中，例如：《纺织船舶污染海洋环境管理条例（2018 年修订)》，其内容涉及船舶及其有关活动污染海洋环境的防治工作内容，与制造行业不相关，故删除；③政策类型：主要选取法律法规、办法、意见、通知、条例、纲要等以及能够直接体现政府环境保护相关主题的内容文本，复函、批复、会议通知、培训/活动/申报等效力较低的非正式决策文件政策文本不纳入其中。根据政策文本筛选原则，结合政策法规所出台的时间、类型和目的等相关因素再次进行精细筛选，筛查、核对与整理工作持续时间为 2 个月，最终建立环境规制政策数据集，涵盖全国人大常委会、国务院、生态环境部、商务部、工业和信息化部、水利部等多个机构独立颁布或联合颁布的环境规制政策 215 份。本书将从政策发布类型和颁布部门两方面进行归类统计。

在进行政策类型筛选时，大多数政策文本类型可直接通过标题进行划分，比如将标题为《生态环境部办公厅关于进一步强化生态环境保护监管执法的意见》的政策标记为"意见"、《生态环境部办公厅关于进一步做好环境安全保障工作的通知》标记为"通知"等。此外，还有部分政策需要对文本内容进行浏览阅读再进行划分，比如标题为《生态环境部关于进一步规范适用环境行政处罚自由裁量权的指导意见》可直接标记为"意见"，而标题为《环境保护部办公厅关于印发〈环境保护部干部培训管理办法〉的通知》这一政策的主要内容是《环境保护干部培训管理办法》，因此将其标记为《办法》。将全部政策文本按类型统计，如表3.3所示。

表 3.3　　　　　　　　　　　　2015～2020 年环境规制政策文本类型

政策文本类型	数量	比例	政策文本类型	数量	比例
通知	58	27.0%	标准	9	4.2%
办法	41	19.1%	规划	8	3.7%
意见	37	17.2%	条例	6	2.8%
公告	21	9.8%	指南	5	2.3%
方案	14	6.5%	规定	5	2.3%
法律法规	11	5.1%			

资料来源：本书整理。

　　环境规制政策类型多样化，涵盖了通知、办法、意见、公告等 11 种形式。首先，从数量上看，通知、办法、意见、公告四种形式占政策总量的 73.0%。其中通知类型的政策文本数量最多，占比达到 27.0%，该类政策大多是针对某一类具体领域作出规定，一般用于上级向下级明确工作指示，布置任务。政策数量次之的是办法类政策，占总数的 19.1%。其次，从内容上看，通知、规划、方案、办法 4 类政策占到政策总量的 56.3%，这些政策文件在内容上比较详细，是具有引导作用的政策文本类型，一般包含具体的环境保护发展目标、现阶段主要任务、具体实施措施等内容；而作为意见、公告等发布的政策文件在内容上比较笼统。通过对政策文本类型进行统计可以发现，我国环境规制政策中指导落实工作要点与管理举措相关内容的政策文本较多，制定环境保护发展规划或计划的政策文本较少。

3.2.3　环境规制政策分类及内涵

　　学者们对环境规制的常见分类包括"二分法"、"三分法"和"四分法"（张嫚，2005；原毅军，2014；涂刚，2011），其中"四分法"环境规制的界定是将社会公众参与型规制工具进一步细分：以企业为参与主体和以个人为参与主体的自愿型规制，在中国政府治理背景下，公众参与型规制实施途径较为单一且难以辨别作用效果。因此，本书综合考虑数据的可得性，基于中国环境规制政策文本内容本身，借鉴现有公共政策工具典型的"三分法"，即学者拉姆什（Howlettand and Ramesh，1995）提出的"强制性、混合性和自愿性"政策分类方式，最终将环境规制分为命令控制型、市场激励型和社会参与型三类，每种政策类型的定义如表 3.4 所列。

表 3.4   环境规制政策分类

政策分类	定义	举例
命令控制型环境规制	政府部门按照一定程序制定或修改相关法律法规、规章制度等，明确环境规制的目的和标准，要求企业应当遵守相关法律规定，对于违法经营的企业将予以处罚	污染排放标准、排污许可证、产品标准、排污总量控制、环境影响评价
市场激励型环境规制	政府通过财政补贴或处罚的方式对生产生活进行经济方面的激励或惩罚，以实现降污减排目的	排污费（税）、政府采购、生态补偿资金、环境补贴
社会参与型环境规制	企业和公众基于自身环保意识或政府引导，自发进行环境保护从而实现环境治理的目的	环境信息披露、环保认证、自愿协定、环境听证

资料来源：本书整理。

第 4 章

环境规制对企业环境战略的影响

由于环境问题具有强外部性的特点，单纯依靠市场机制无法从根本上解决企业环境污染的问题，因此政府以规制的手段约束和引导企业环境战略的制定尤为重要。而企业环境战略是企业遵守政府法律法规，主动实施环境保护措施，以降低企业在生产经营过程中对生态环境负面影响的战略决策。采取积极有效的环保策略不仅能提升企业生产效率，还能使企业在竞争市场中形成相对优势，同时也能达到政府监管要求，树立良好的企业形象。但在管理实践过程中，并不是所有的企业都能将环境保护纳入企业战略体系中。

此外，现有研究多聚焦于探究环境规制对企业环境战略的直接影响，只有少数研究试图从高管认知这一内部视角揭开企业环境战略的影响机理。高管团队作为企业经营管理中的主要微观主体，在环境战略的制定中发挥着至关重要的作用，他们对环境保护问题的关注程度和认知态度，是影响企业能否积极开展企业环境战略的关键因素。与此同时，任何决策的制定都需要考虑外部制度环境，环境规制的逐步完善，会加大高管团队对环境问题的关注程度；考虑到规制的合法性、企业可持续发展等问题，高管团队就会倾向于实施积极的环境战略。因此，决定企业战略行为的往往不只是环境规制直接作用的结果，要想实现环境与经济关系从被动到主动，就需要管理者认知这一驱动因素，并将其内化为企业主动的应对行为。

本章构建了"外部环境规制—内部高管认知—环境战略选择"的内在逻

辑框架,将环境规制分为命令控制型、市场激励型和社会参与型,探究这三类环境规制对企业环境战略产生的影响效果,同时引入高管认知这一变量,探究其在二者关系间的作用机理。

4.1 假设提出

4.1.1 命令控制型环境规制与企业环境战略

命令控制型环境规制主要包括政府机构制定并实施的相关法律、法规、规章和标准,作为我国目前应用最为广泛的规制手段,其具备较高的强制性特征(叶建木,2020)。例如,政府通常会制定一系列排污限值和减排技术标准,如果企业在实际生产过程中排放量超过国家污染排放限制标准,将会为此遭受严厉的行政处罚甚至受到被强制关停的制裁(Xie,2017)。这不仅会对企业形象造成负面影响,还会使企业面临合法性危机,甚至会对企业经济造成严重损失。此外,尽管政府营造有利于减排技术创新的政策环境,但是由于技术创新周期长、成本高且风险性较大,多数企业不敢盲目跟风。通过命令控制型环境规制的实施,能够明确环保技术创新的目标,降低企业研发活动中的不确定性,进而加快生产过程中流程的优化。因此,为了满足社会合法性要求,降低环境污染违规成本,企业将制定更高标准的环境保护战略,通过淘汰落后产能、改进生产工艺等环保行为,实现命令控制型环境规制的作用目标。此外,由于企业生存发展离不开政府资源的配置,企业可以通过实际行为满足政府的期望,与政府建立良好的关系,从而获得更多政府资源的支持(Liao,2018)。林德斯塔德和埃斯克兰德(Lindstad & Eskeland,2016)的研究结果表明航运公司在强制性环境规制下会积极开展绿色实践。梁敏等(2021)的研究结果表明命令控制型环境规制所产生的规制性压力会促使企业实现环境保护目标。廖(Liao,2018)的研究结果表明命令控制型环境规制可以促进企业环境创新，进而提高企业声誉。基于以上结果，本章研究提出假设 H1a：

H1a：命令控制型环境规制对企业环境战略产生正向影响。

4.1.2　市场激励型环境规制与企业环境战略

市场激励型环境规制是指政府部门利用控制价格、费用等市场化手段，督促企业增加环保治理投资等实质性行为来重视环境治理，以此降低环境污染水平，在我国，常见的规制手段有排污费征收、环境补贴和排污权许可交易等。市场激励型环境规制主要包括灵活性和市场性两大特征，灵活性能够帮助企业在限制污染物排放的同时，抵消额外治污成本（Sun，2021）；市场性是政府机构为企业给予更多的自由度和选择机会，更好地迎合了企业的逐利性（Sun，2021），受利益驱使企业会主动实施环境技术创新以获得额外的补贴和税收优惠。

市场激励型环境政策的制定规则和企业成本效益原则相一致。以排污费为例，收取排污费是我国环境保护政策中一项重要的经济手段，它可以通过价格传导机制将外部环境损失内部化。这样，在企业最大限度地追求自身经济效益时，必须考虑到环境保护问题，排污费的征收显著影响企业成本与收益之间的关系，企业为了追求利益最大化，不得不加大在环保技术创新方面的投入，从源头上防治环境污染。但是，朱小会等人（2017）指出，我国当前排污费征收标准与企业进行环境保护和环境治理所付出的成本相比，前者远低于后者，对企业来讲这种激励机制产生的效果微乎其微，因此，企业宁愿支付排污费也不愿实施环保战略。2018 年初，我国的排污费政策已被环境税所取代（Ruiqian，2018），排污费改税政策的实施一方面稳固并提升了环保税的法律地位，大大提高了企业弄虚作假与寻租的成本，企业面对巨大的环保压力时，能够倒逼企业强化环境治理水平，减少污染行为带来的损失。另一方面，市场激励型环境规制可以通过财政补贴等手段激励企业实施环保行为（Hua，2005），直接向企业给予专项资金补贴能够有效保障企业持续进行环保研发，同时缓解企业进行绿色创新时所面临的资金压力；环保产业的税收优惠政策也能够抵消企业的"遵循成本"，正向激励并促使企业制定积极的环境战略（尚洪涛，2018）。钟和彭（Zhong & Peng，2022）的研究结果表明，政府补贴在环境规制实施过程中对企业绿色创新行为起到积极的促进作用。马喆亮和胡元林（2019）的研究结果表明，以市场配置为主的激励性政策增加了企业环保行为的信息，进而提高企业竞争优势。基于以上结果，本章研究提出假设 H1b：

H1b：市场激励型环境规制对企业环境战略产生正向影响。

4.1.3 社会参与型环境规制与企业环境战略

社会参与型环境规制是指包括企业、社会公众等在内的多种主体，基于自身环保意识或政府引导，通过监督举报、自愿协议、公众参与、信息公开等方式直接或间接地参与环境保护，从而实现环境治理的目的（许阳，2017）。社会参与型环境规制虽然不具备强制性和经济激励性，但其拥有强监管性，对企业来说公众参与环境治理能够形成强大的外部舆论压力，迫使企业不敢敷衍应付，尤其《新环保法》将环境治理的公益诉讼制度纳入其中，保障了社会公众参与到环境治理监管的合法性（魏胜强，2019）。当前我国公众环保意识日益增强，他们作为消费者可以用实际行动抵制造成环境污染的企业，这实质上是给企业施加了压力；社会公众还可以通过多种渠道向政府机构传达对环境的期望，比如通过全国人大代表间接反映问题，也可以通过信访向监管部门报告。因此，社会参与型环境规制能够引导企业将环保理念纳入企业发展战略中，有些企业为了维护良好声誉，专门设立绿色管理机构负责环境保护事宜（胡元林，2018）。此外，企业自愿开展环境保护行为属于资本市场的信号传递活动，能够降低环境信息中的不确定性，此时主要由外部参与者承担企业信息搜寻成本，较低的规制成本让生态环境治理更高效，有助于提高企业绩效。比如企业可以通过 ISO 14001 认证会向外部利益相关者传达企业环境承诺的信号，做到知行合一，向外界展示出企业真实的环保理念，以此吸引潜在的资源流向企业，丰富的资源能够有效保障企业增加环保投资，积极完成环境治理任务（胡元林，2018）。企业还可以通过做环保认证、环保标志申请来获得政府的认可，从而得到准入许可、税收优惠、财政补贴、土地资源等政府支持（Gao，2016），以此对冲企业环境治理的成本压力，降低企业面临的经营风险，有利于企业开展环保实践。Bu 等人（2020）的研究结果表明，社会参与型环境规制为企业环境保护提供了广泛的灵活性，企业可以通过环境认证设定环境治理目标和发展战略。叶建木和李颖（2020）的研究结果表明社会参与型环境规制会抑制企业"漂绿"行为（叶建木，2020）。基于以上结果，本章研究提出假设 H1c：

H1c：社会参与型环境规制对企业环境战略产生正向影响。

4.2　高管认知

4.2.1　高管认知定义

自 1984 年哈姆布里克和梅森提出高阶理论以来，高管认知受到越来越多学者的关注，高阶理论认为，企业战略决策是高管团队通过信息搜寻、解释和行动制定出来的，由此，高管认知会对企业战略的制定和执行产生重要影响。

目前，高管认知在战略管理领域主要分为两个维度，一种是将高管认知作为一种认知结构（邓少军，2013），指由于存在理性限制，管理者不可能全面地获取对未来决策涉及的所有信息，因此高层管理者的判断建立在其所拥有的知识体系结构之上，既定的知识结构能够帮助高层管理者获取、处理并筛选信息，这是一种静态视角。盖瑞和伍德（Gary & Wood，2011）认为，高管认知是一种心智，是企业如何运作的知识结构和认知表征。余芬和樊霞（2021）将高管认知界定为高管团队依据拥有的知识体系和经验背景而形成的稳定理解和感知。

另一种是将高管认知作为一种认知模式（邓少军，2013），强调经过对外部环境信息的搜寻和诊断，获取新知识和识别新的发展机会，其实这种模式是战略意义建构的过程，该过程包含"搜寻—解释—行动"三步，搜寻过程体现高管团队的关注程度以及新提议被提到战略议程上的可能性，解释过程是对信息进行判断，管理者所关注的信息不都能直接影响企业的战略选择，需要通过解释过程理解外部要素对企业来说是机会还是威胁，进而为企业发展作出适宜的战略决策。和苏超等人（2016）将高管认知界定为管理者具备的一种对知识和环境解释的特质，这是一种认知过程，是管理者对环境问题的关注程度，并通过解释和识别，考虑环境风险性进而制定战略决策。焦豪等人（2021）认为，高管认知是一系列心理活动的体现，是管理者认知活动的过程。

综合现有研究中对高管认知的理解，本书对高管认知的定义是：企业高管团队对环境治理信息进行搜寻、解释和行动的过程，以及他们对环境保护相关议题的关注程度。此外，在针对高管团队关注程度大小的实证研究中，高管认知的衡量通常采用内容分析法计算某一特定领域相关关键词出现的频数表征（Chen，2015；Muller，2016；吴建祖，2021）。企业高层管理者制定怎样的战略，采取何种行为往往取决于他们将注意力配置在哪些重要的议题上，也就是哪些概念占据管理者认知活动的中心位置，管理者认为环境问题越重要，其进入战略管理的层次就会越高。与此同时，对于议题的关注点也受外部制度环境和背景的影响。

高层梯队理论表明，企业环境战略选择取决于高管成员对外部环境机会或威胁的判断，高管团队的认知和行为会受到所处制度环境的影响。因此，本章研究认为，高管认知是环境规制与企业环境战略的中介变量，即环境规制会通过影响高管认知来影响企业环境战略的选择和制定。

4.2.2　环境规制与高管认知

在面对外部的环境保护诉求时，企业需要及时响应并实施积极的环保战略以应对外部强烈的规制压力，高管认知在这一过程中发挥着重要作用，它反映了企业对于环境问题的重视程度，管理者对环境问题关注度越高，表明将其纳入战略管理的层次就越高。一方面，政府拥有的行政权会对企业行为产生制约：企业如果不遵守环境法规，就可能会受到更严格的监管、法律诉讼等；反之，如果企业及时响应政府号召并展开环境保护活动，不但能建立政治资本，还能树立良好的企业声誉（边明英，2021）。因此，当高管团队感知到环境规制压力的约束作用和环境保护的重要性时，为了确保生产经营活动趋于合法，一般会采取积极的应对行为；另一方面，由于政府颁布的环境政策本质上属于产业政策（吕鹏，2021），在一定程度上能够为企业发展指明方向，高管团队会将这类信息转化为商业机会，从而引导企业展开积极的环境战略。

现有研究证实了外部环境规制对高管认知产生影响。边明英等人（2021）认为，面对相同的环境规制，企业绿色创新程度却不同，一定程度上是受到企业高管环保意识的影响，通过研究证实了环境规制会增强高管的环保意识，并促使他们关注企业绿色创新活动。吕鹏和黄松钦（2021）从企业管理者的视角探究环境规制压力对管理者环保认知的影响。他们认为，在环保压力的约束下，企业感知到政府层面环境规制压力越大，企业就越有可能进行绿色技术创新。周等人（Zhou et al.，2021）对 133 家采矿业企业进行研究，探究环境合法性下企业绿色创新的驱动因素，他们认为面对外部正式和非正式压力时，企业管理者承担巨大的环保责任，高管团队成员认识到环境保护的重要性和合法性，进而采取积极的应对措施，由此得出，环境规制压力成为触发企业环境认知的重要力量。

4.2.3　高管认知与企业环境战略

高层梯队理论是在有限理性理论和行为理论的基础上提出来的，该理论主要强调，组织战略的选择一般取决于高管团队的价值观和认知（Hambrick，1984），高管认知对企业环境管理实践尤为重要，只有被高管所关注的议题才有可能成为决策议程，影响企业行为（于飞，2021）。高管团队拥有决策权，是企业行为的引领者，探究高管团队的关注焦点更有助于深入分析企业战略决策的部署（吴建祖，2021）。当前环境污染问题持续发酵，受到政府以及广大社会公众的持续关注，因此企业环境战略是一个长期发展的过程。在战略层面，高管团队能考虑到规制合法性和企业可持续发展等问题，提前感知到环境污染等不正当行为给企业带来的危害（Cao，2021），进而倾向于注重生产过程中的环境治理。此外，高层管理者也能察觉到实施积极的环境战略会给企业带来源源不断的经济回报（吴建祖，2021），因此企业将投入更多的资源到环境保护中，比如企业通过改进现有产品或引进新的制造工艺减轻对环境的污染，以满足消费者的需求，一方面为企业树立了良好的环保形象，另一方面将会赢得更多消费者的青睐，扩大对绿色产品和服务的购买，提高企业利润（Burki，2017）。不容我们忽视的是，企业之所以对环境保护有强烈的责任感，多半归因于高管团队对环境保护持有重视的态度，因此会忽略在此过程中投入的成本，将自身对环境的认知看成是一种机遇，进而提高绿色创新（曹洪军，2017）。

高管认知对环境战略的选择受到很多学者的关注，现有研究已经清晰地阐明了高管认知对公司战略决策方面的直接作用。张等人（Zhang et al.，2015）的研究结果表明，管理者将环境保护纳入日常经营管理活动中，有助于采取积极的环境实践，结论也证实了高管对环境问题有所关注，有助于提升企业节能战略。和苏超等人（2016）以207家重污染企业为研究对象，发现管理者环境认知是影响企业实施前瞻型环境战略的重要因素，当管理者将环境问题视为企业的发展机遇，则更容易实施前瞻型环境战略。董临萍和宋渊洋（2017）探讨了高管团队认知对企业国际化绩效的影响，证实了高管认知过程会对企业战略决策和决策执行产生影响。邹志勇等人（2019）的研究结果表明，管理者绿色认知可以驱动企业采取前瞻性的绿色管理战略，从而指引企业实施各种绿色行为。波拉斯等（Polas et al.，2021）指出，高管环境认知不仅可以发现外部环境中潜在机会，还能提高企业环保创新能力，进而提高环境治理的可持续性。

4.2.4　高管认知的中介作用

长期以来，多数学者只研究在组织决策中外部制度压力对企业实践的影响，并且也证实了环境规制对企业环境战略产生的影响，但研究结论仍未有确切定论。李（Li，2014）基于制度理论研究了制度压力对企业环境创新行为的影响，研究表明，命令控制型环境规制对企业环境创新行为产生显著正向影响，而市场激励型环境规制不存在显著影响。张等人（2015）的研究结果表明强制性环境规制对企业节能活动没有显著影响，说明中国工业企业缺乏承担节能环保的责任的意识。波萨多和阿慕一（Borsatto & Amui，2019）指出，环境规制对企业环境可持续发展产生积极影响，但也受到外部因素的影响，即公司的国际化程度会导致企业实施消极的环境战略。从现有研究可以看出，环境规制在一定程度上可以影响企业环境战略，但现实中并不一定总是对企业环境战略产生积极的影响，这可能是由于政府颁布的环境政策并没有对企业行为产生直接有效的影响。当面对相同的环境规制，企业的环保战略实施情况不尽相同，在很大程度上取决于企业高管认知，高层管理者的认知和行为都会受到所处环境的影响，他们会根据自身经验、价值观对所处的外部环境是否存在潜在的机会或威胁作出判断，这对于企业环境战略选择来说起到举足轻重的作用，如果高层管理者认识到环境因素可能给企业带来竞争优势，则企业倾向于选择环境战略。因此，高层管理者的管理认知决定企业如何采取环境保护的相应行为（尚航标，2011；杨建华，2012），可以说高管认知是环境规制与企业环境战略之间的中介和桥梁。

命令控制型环境规制通过政府制定的有关环保条例法规或标准对企业行为进行约束，让企业管理者意识到，如果不遵守相关环境规制就可能会受到行政处罚并影响声誉，因此为了获得生产经营的合法性，企业会积极响应政府的环境政策，进而制定环境战略。此外，市场激励型规制能够为企业发展提供原动力和选择的空间；政府制定为企业提供补贴、减免关税等相关政策，从经济效益角度考虑，客观上帮助企业在实施环境保护战略中减少损失，最小化管理成本，高管团队就会更有动力去强化企业环境治理行为。社会参与型环境规制的运行成本较低，对环境改善的效果最为直接（胡元林，2018）。企业积极面对环境治理问题，主动承担环保责任有利于提高企业知名度，能够保障企业在持续发展中利益最大化，这能使高层管理者意识到遵循社会参与型环境规制是企业发展的机会。在社会参与型环境规制的引导下，企业管理者将会注重环境保护，采用更加先进的技术减少环境污染。已有学者通过实证研究验证了高管认知在环境规制与企业环境战略中的中介作用。张等人（2015）通过对环渤海地区 187 家工业企业环境战略的选择进行分析，发现企业高管环保意识在企业环境实践与外部压力之间起到关键影响作用。徐建中等人（2017）以 209 家制造企业为研究对象考察了高管环保意识在制度压力与企业绿色创新之间的中介效应，结果表明，高管环保意识是环境规制和企业绿色创新实践的中介变量。杨等人（2019）的研究结果表明，企业在面对环境规制时，如果不遵守规制会带来负面影响和重大损失，因此企业管理者认为实施环境规制是必要行为。综上所述，在高层梯队理论的分析框架下，进一步明确了高管认知这一中介变量的作用路径，结合现有学者的研究成果，本章研究认为环境规制会通过高管认知来影响企业环境战略的制定与实施。基于以上结果，本章研究提出假设：

H2：高管认知在环境规制对企业环境战略的影响中具有中介作用。

H2a：高管认知在命令控制型环境规制对企业环境战略的影响中具有中介作用。

H2b：高管认知在市场激励型环境规制对企业环境战略的影响中具有中介作用。

H2c：高管认知在社会参与型环境规制对企业环境战略的影响中具有中介作用。

4.3 研究设计

4.3.1 样本选择与数据来源

本章研究选取了 2015～2020 年沪深两市 A 股制造业上市公司作为研究样

本。主要原因如下：（1）《中华人民共和国环境保护法》（简称"新《环保法》"）于 2015 年正式实施，该法进一步明确了不同政府主体在环境监管、污染防治等方面的法律责任，加强了对违法人员的惩处力度，同时也完善了环境治理的激励机制。国家层面、政府部门对环境保护和生态环境的重视程度是前所未有的，与此同时公众环保责任意识强烈且持续升高，进一步明确企业内部管理者需要深刻认识到环保任务的重要性，并为此采取积极的应对措施。因此，2015 年是我国环保工作的新阶段，本书选取 2015 ~ 2020 年作为研究的时间区间；（2）中央在 2015 年 5 月颁布了"中国制造 2025"计划，规划明确指出要加快推动我国从制造大国向制造强国转变，在确保经济平稳发展的同时也要坚持生态建设同步发展，新的发展目标为制造业高质量发展提出了更高的要求，相较于其他行业，制造业面临着更严格的环境规制目标，为了保证正常的生产经营，不被停工限产，制造业企业亟须采取积极主动的环保行为。基于上述原因，本章研究选择制造业作为研究对象。关于制造业的行业标准，本章研究参考 2012 年证监会发布的《上市公司行业分类指引》。

为确保研究企业数据的连续性和可靠性，样本筛选过程如下：（1）剔除了 2015 年及之后上市的公司；（2）剔除了 ST、ST* 公司；（3）剔除 2015 年之后退市的公司；（4）由于年鉴中西藏地区环境规制部分数据缺失，故剔除西藏自治区的样本。环境规制的省级层面数据来源于各年度《中国统计年鉴》，政策文本主要从北大法宝数据库收集。企业环境战略数据来自企业年报、企业社会责任报告、企业环境报告、企业官网、相关企业新闻。高管认知数据来源上市公司年报中"经营情况分析与讨论"部分，手工收集成文本分析资料，通过内容分析法获取环保关键词词频，经标准化处理后获得。按照筛选条件剔除掉数据严重缺失的企业，最终数据涉及 911 家企业，共 5 466 个样本观测值。

4.3.2　自变量测量

目前，学术界对环境规制强度的衡量尚未形成一套权威的指标体系，本章研究将国内外研究中对环境规制强度的衡量归纳为两大类：第一类是环境规制的单一指标测量，即运用某一代理指标衡量。例如，从污染物排放角度进行衡量，运用关键污染物排放量（X Ouyang，2020），废水排放达标率来表示环境规制强度；从污染主体环保意识角度进行衡量，运用环境污染治理投资，排污费/污染排放量（Yu，2020）来表示环境规制强度；从环境规制主体角度进行衡量，运用行政处罚案件数量（郭进，2019），政府颁布环境保护的法律法规数量来表示环境规制强度。单一指标测量所依据的数据资料比较客观且容易获取，因此多数学者更倾向于选择该方法衡量环境规制强度。第二类是将环境规制分类后再选择与之对应的代理指标进行度量。王等人（Wang et al.，2021）将环境规制分为正式环境规制和非正式环境规制两类，利用各地区工业二氧化硫（SO_2）去除率表示正式环境规制强度，利用人均收入水平表示非正式环境规制强度。刘明玉和袁宝龙（2018）将环境规制分为命令控制型、市场激励型和自愿意识型三类。其中，命令控制型环境规制用受理环境行政处罚案件数来衡量，市场激励型环境规制用单位 GDP 排污费收入衡量，自愿意识型环境规制用环境信访量衡量。

在近期研究中，有关环境规制强度的测量多采用代理变量进行表征，然而环境规制具有多维特征，从规制对象上涉及工业、农业、制造业等多行业，从规制措施上包括行政措施、人事措施、财税措施等多重措施，单一代理指标不能有效反映环境规制的总体强度，并且即便是同一环境政策，在不同地区的执行力度上也存在差异。因此，本章研究根据第 2 章环境规制的类型将环境规制分为三类，即命令控制型，市场激励型和社会参与型环境规制，并借鉴彭纪生等（2018）、张国兴（2021）等学者的政策量化方法，用直接量化政策文本的方法获取环境规制强度指标，基于内容分析法研究范式，依照"政策样本来源—政策量化标准—政策打分—政策数据处理"的思路科学量化环境规制政策。政策样本来源详见第 3 章：政策文本分析。

（1）政策量化标准

政策文本量化分析方法能够达到详细解构和分析政策内容的目的，从政策文献中发掘其所蕴含的深层含义，非常适用于小文本量分析，其核心工作在于合理构建政策量化维度（蒋天骥，2021）。鉴于我国政府机构颁布的政策不仅与政策措施有关，还与政策颁布机构的级别有着密不可分的关系：在精读环境规制政策文件的过程中能够发现，颁布机构的层级越高，其具备的效力越高，反映在政策力度方面的权重分值也就越高，但是，这类政策在实施过程中的详细程度上有所欠缺，它们对行为主体的约束不明确，所以在政策措施上的权重分值较小。相反，层级较低的政府机构出台的政策具备的法律效力较低，但在政策实施上具备详细的执行方式，在政策措施方面就具备较高的权重分值，二者相辅相成从而能够弥补单一指标在反映政策内容有效性方面的缺陷（彭纪生，2008），也能够更好地衡量环境规制强度。因此，本章研究借鉴张国兴等人（2021）的量化方式，政策量化主要从"政策力度"和"政策措施"两个维度分别进行衡量，根据不同类型环境规制的特点将其分为命令控制型、市场激励型和社会参与型，每年每一类环境规制政策强度等于该年该类环境规制政策包含的数项政策强度总和，每项政策在实施过程中具有不同措施。具体如图 4.1 所示。

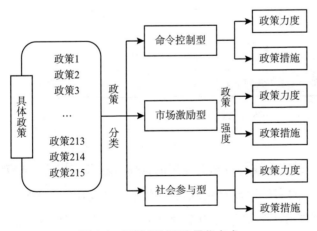

图 4.1　环境规制强度量化方式

资料来源：张国兴等（2021）。

　　政策力度是构成政策的基本要素，反映的是政策法律效力的高低（张国兴，2014），能够体现中央政府对于颁布并实施相关政策的重视程度（张娜，2020）。在政策力度量化标准方面，多数学者采用 1~5 分的评分标准。《行政规章制定程序条例》中明确规定行政法规的制定准则，其中包含必须符合宪法、法律、行政法规和其他上位法的规定，而且在法律、行政法规、决定、命令没有依据的情况下，部门规章不得增设其义务规范。此外，本章研究参考彭纪生等人提出具有代表性的政策量化标准手册，以及张国兴等人对中国节能减排政策力度量化标准，根据政策类型和政策颁布机构级别，将政策力度由高到低分别赋予 5、4、3、2、1 的分值，见表 4.1。

表 4.1　　　　　　　　　　　环境规制政策力度量化标准

指标得分	量化标准	参考文献
5	全国人民代表大会及人大常委会颁布的法律、法规	
4	国务院颁布的条例、规定、办法；各部委颁布的部令	
3	国务院颁布的暂行条例、规定、方案、意见、办法等；各部委颁布的条例、规定	张国兴（2014）彭纪生（2008）
2	各部委颁发的意见、办法、指南、标准、细则等	
1	通知、公告、规划	

资料来源：彭纪生（2008）、张国兴（2014）。

　　政策措施是实现政策目标而运用的具体方法及其组合，政策制定者希望通过选择正确的实施手段达到预期的治理效果（Rist，1998）。彭纪生等人（2008）将创新政策措施细分为金融外汇措施、财政税收措施、其他经济措施、行政措施和人事措施；考陈卡瓦等人（Anna Kochenkova et al.，2016）认为，知识转移政策的主要措施是指法律/制度措施、金融措施、政府补贴措施、能力建设措施；张等人（2020）认为，环境规制措施的分类包括人事措施、行政措施、引导措施、金融措施、财政措施和其他经济措施；谢等人（Xie et al.，2021）将可持续发展目标的政策措施分为能力建设措施、政府激励措施、指导咨询措施、权威立法措施以及制度变革措施。上述学者对政策措施的整理及分类对本书的研究具有较大的启发作用，在参考上述政策措施分类结果的基础上，经过对 215 份政策文本的仔细阅读和全面分析，以及结合相关政策领域专家的意见，文中将环境规制政策措施划分为以下 6 个方面：行政措施、引导宣传措施、人事措施、财政税收措施、金融措施、其他经济措施。

　　各个方面政策措施量化的角度有所区别：行政措施主要从企业行政许可、排污许可证办理及监管流程、行政处罚、强制性产品认证等方面进行量化；引导宣传措施主要从环境宣传和教育、环境信息公开、环境信访等方面进行考量；人事措施主要从环保领域相关人才引进、专家委员会职责、人事表彰等方面进行考量；财政税收措施主要从环保税收征收的优惠条件及对象、可享受财政补贴的具体额度、政府采购力度等方面进行量化；金融措施主要从金融信贷服务、金融资金支持等方面考虑；其他经济措施主要包括价格优惠、排污权使用费、污水处理费等。政策措施权重分值主要因其内容的详细程度和支持力度的不同而产生差异，有些政策文件中仅提及或涉及某种政策措施，没有具体的实施细则，执行力度较低，但有些政策文件明确要求利用某种政策措施去实现治理目标，并制定了详细的实施办法，具有较强的执行力。一般情况下，实施办法越详细，说明政策可操作性越强，越有利于政府机构落实相关政策。在政策措施量化的过程中，本章研究将根据措施的详细程度、支持力度和可操作性为各政策措施制定了 5 分、3 分和 1 分的测量标准，每一项政策文本只要符合 6 类政策措施当中的任意一条评分标准，即满足相应指标得分。量化标准详见表 4.2。

表 4. 2   环境规制政策措施量化标准

政策措施	指标得分	评分标准（满足任意一条即符合本级分数）	关键词
行政措施	5	①制定了进出口限制管理办法，并且发布严格的限制名录 ②规定了环境影响评价工作的原则内容，方法和技术要求；对环境影响报告的编制要求和管理办法进行详细说明；详细列出环境影响评价分类管理名录 ③制定了企业或个人行为违规的行政处罚或者追究刑事责任的具体实施办法（罚款、没收所得、限期治理、关停转迁等） ④制定了强制执行标准，规定企业必须按要求执行 ⑤对企业或个人行为实行严格的行政审批，明确列出强制执行的市场准入条件、许可证申请程序等管理办法；制定了对污染项目实行严格的行政审批、上级政府控制制度	行政许可；排污许可证；排污许可登记管理；环境影响评价；环境影响报告，环境保护标准；进出口限制；污染物排放标准；外商投资准入；市场准入；行政处罚；强制性产品认证；行政审批；环保约谈
	3	①明确按照进出口限制管理办法的规定执行，并简要说明实施办法 ②要求严格按照环境影响评价的标准开展生产经营活动，并简要说明企业有效开展环境影响评价的实施过程 ③明确提到在环境保护中出现的违法违规行为给予行政处罚或追究刑事责任，并简要说明适用范围和情况 ④要求进一步强化环境保护中涉及的有关执行标准的制定，且明确标准的具体名称、制定主体和作用范围等 ⑤明确要求实行许可制、申请制；说明禁止性行为和实施情形；简要说明行政许可的申请流程或办理要求 ⑥针对污染治理和节能降耗等项目适当下放行政审批权限，减少不必要的审批流程	
	1	仅提及或涉及以上条款	
引导宣传措施	5	①制定了环境保护，环境宣传活动的具体实施方案 ②制定了政府、企事业单位和其他部门的环境信息公开范围、方式、程序等具体实施措施；制定并详细阐述鼓励企业发展的产品、产业、技术目录 ③提出了环保规划的总体要求、重点任务，明确了规划实施的支持和保障措施 ④规范环境信访工作流程，明确制定了环境信访的具体实施规则，如明确了信访人的权利义务和义务、环境信访举报渠道 ⑤制定了相关环境产品自愿认证的使用管理办法（不包含强制产品认证），如明确环保产品认定技术要求、产品质量标准等 ⑥制定了实施示范工程或试点工程的办法 ⑦制定了鼓励环境污染维权、绿色出行、绿色生活、绿色消费等与绿色增长相关的引导性措施的具体实施方案	环境宣传和教育，产品技术推广，总体规划，节能宣传活动，舆论监督，绿色发展专项行动，环境信访，环境信息公开，节能产品认证，示范区（县、市、省），绿色循环消费，评估考核

续表

政策措施	指标得分	评分标准（满足任意一条即符合本级分数）	关键词
引导宣传措施	3	①明确提出环境宣传的途径或目的；强调开展环境宣传与教育 ②明确阐述各主体对企业环保信息的内容、时间和方式进行主动披露；明确指出建立健全和完善环境信息披露的工作机制；明确要求制定、调整产品、产业、技术指导目录，并及时向社会公众发布公告 ③鼓励公众参与对环境保护违法行为的监督和举报（形式：电话、信函、电子邮件、政府网站、微信平台等） ④明确企业依照自愿参与的原则，根据相关规定对环境产品进行有效认证，且简略说明认证流程、认证要求 ⑤明确要实施示范工程，但未制定具体的实施方案 ⑥制定了鼓励环境污染维权、绿色出行、绿色生活、绿色消费等与绿色增长相关的引导性措施的简单实施方案 ⑦明确要求相关政府实行目标责任制与考核评价制度	环境宣传和教育，产品技术推广，总体规划，节能宣传活动，舆论监督，绿色发展专项行动，环境信访，环境信息公开，节能产品认证，示范区（县、市、省），绿色循环消费，评估考核
	1	仅提及或涉及以上条款	
财政税收措施	5	①在财政预算、资金投入、补贴补助、贴息、奖励上给予支持，针对不同环境治理方案明确给出具体的实施额度（满足一个方面即可） ②制定了环保税收、排污费用等具体收费标准（征收对象、征收标准和测算方法等）；在税费上给予大力优惠，明确提出了税收、相关费用优惠的条件、目录、额度或制定了详细的优惠办法 ③制定了政府采购环保产品的目录或具体的采购办法	专项资金，补助资金，税收优惠，政府采购，财政预算
	3	①在财政预算、资金投入、补贴补助、奖励等方面给予支持，大致明确财政税收的支持目的与用途，但没有说明具体实施额度或支持方案（满足一个方面即可） ②仅包括对环保税收、排污费用等相关征收对象及用途进行说明；明确规定税收优惠的具体税种或优惠政策，均未涉及征收额度与执行方案 ③明确提出要加大政府对环保产品采购力度	
	1	仅提及或涉及以上条款	
金融措施	5	明确提出在绿色信贷、绿色保险领域、绿色债券等各个绿色金融领域给予支持，且提出了详尽的支持办法或运行机制（满足一个方面即可）	绿色债券，能效信贷，绿色基金，绿色保险，绿色投融资
	3	强调要完善金融服务、金融政策的扶持力度；要求给符合要求的企业给予信贷、基金、保险等领域的某一项支持，但没有制定详细的实施办法	
	1	仅提及或涉及以上条款	

续表

政策措施	指标得分	评分标准（满足任意一条即符合本级分数）	关键词
其他经济措施	5	①制定了通过实施价格、费用调整控制节能减排的办法或方案 ②明确提出建立健全和完善生态补偿制度，并且规定了生态补偿制度的具体实施；明确提出专项生态补偿资金	峰谷电价，阶梯电价，季节性差价（价格支持，天然气，清洁供暖），污水处理费，生态补偿资金
	3	①明确要求利用相关价格制度促进节能减排，但均为制定详尽的实施方案或执行措施 ②明确强调要建立健全和完善生态补偿制度，并且仅提到健全生态补偿制度的方式；仅提及资金来源、补偿的目的、用途	
	1	仅提及或涉及以上条款	
人事措施	5	①制定了相关人员奖励或惩罚的具体办法 ②制定相关人员培养、培训方案 ③制定了委员会工作规则，并明确了专家委员会组成和工作职责	人才引进，人才培养，专家委员会，专家评审，人事表彰，组织领导建设
	3	①提到对相关人员进行奖励、惩处，未制定具体奖惩办法 ②明确加大对相关人员的培训和教育，未制定具体实施办法 ③明确要求相关政府考核评价制度，未制定具体实施办法；明确要求需要强化监察问责机制，均未制定具体实施办法	
	1	仅提及或涉及以上条款	

注：为了便于打分人员清晰地理解和掌握量化标准，本章研究仅给出了分值为 5 分、3 分和 1 分的量化标准，4 分介于 5 分和 3 分的量化标准之间，2 分介于 3 分和 1 分的量化标准之间。

资料来源：本书整理。

（2）政策打分

在初步确立了环境规制政策量化标准以后，为避免数据主观性的问题，本章研究对评分人员展开前期培训工作，将研究人员分组进行多轮打分的形式量化环境规制政策（张国兴，2014）。为了确保研究结果的准确性和有效性，实现较高程度的信效度，研究聘请了 6 名研究人员组成打分小组来为政策打分。此外，打分过程中每项环境规制政策可能具有不止一个政策措施，需要根据量化标准分别对政策进行赋值，具体的打分过程从以下五个阶段展开：

第一阶段：打分人员进行培训。针对打分人员展开统一培训，详细讲解打分规则、分值构成、政策情况等内容，使其熟知政策量化的打分标准。对政策打分工作有了初步理解后组织大家进行现场讨论，针对存疑、模糊等不确定因素较高的赋值条款进行充分探讨并优化改进，切实保障打分人员掌握每项政策的赋值要求、条件与程度，进而确保政策量化的一致性。

第二阶段：政策量化打分演练。通过对打分人员的系统性培训和讨论后，从 215 份环境规制政策中随机抽取涵盖三个不同类型的政策 9 份，即每种类型的政策 3 份进行政策打分演练，由每位小组成员依据量化标准独立对政策进行打分，比较各成员最终的打分结果，找出结果不达标的原因，让他们提出打分过程中存在的异议并总结，进一步完善量化标准，直到打分成员对量化标准完全理解且没有存疑的地方为止。

第三阶段：政策量化预打分。在优化政策量化标准之后，再次采用随机抽样的方式，从剩余 206 份政策中抽取涵盖三个不同类型政策 15 份，即每种类型的政策是 5 份进行政策预打分，将打分成员所评的分数再次进行对比，结果显示：分值完全相同的政策占比达28.57%，而对各类政策措施进行打分时，分值仅相差 1 分比例达到55.10%，打分分值相差 2 分或 3 分的政策占比达16.33%，显然预打分阶段的结果不太理想。再次召集打分成员对此次打分结果进行深入讨论，剖析量化标准中造成分歧的原因，有针对性地优化政策量化标准。

第四阶段：政策量化正式打分。经过以上三个阶段对量化标准进行优化，打分成员进入正式的打分环节，每组成员分别独立对 215 份政策进行打分。将本轮打分结果与之前结果进行对比可以看出：政策措施打分分值完全相同的政策占比达到34.78%，打分结果仅相差 1 分的政策占71.01%，而打分分值相差 2 分或 3 分的政策占比达11.59%。由此可见，预打分、讨论等环节有效提高了政策的打分结果。

第五阶段：针对第四阶段中分值相差 2～3 分的政策进行重新打分，并从专业化角度邀请环境规制政策领域的教授对政策措施的打分结果进行讨论，最终得到本章研究政策量化数据。

上述操作过程充分保证了科学研究的信度，政策文本研究的量化方式均借鉴已有学者的研究成果，根据"详细且互斥"的原则搭建量化标准。此外，政策文本的内容效度也充分得到了保障，政策文本收集来源于涵盖范围广、涉及年份全的"北大法宝"法律法规检索系统，并且在充分收集政策样本的基础上，经过了漫长的略读、筛选、精读、梳理等环节，确保了本章研究所选取的环境规制政策文本具有代表性。

（3）政策数据处理

以上方法已经为环境规制政策文本量化打下了良好的理论和实践基础，明确了采用内容分析法的研究范式，梳理政策文本并构建了一套详细的量化标准，从政策力度和政策措施两个维度对命令控制型、市场激励型和社会参与型环境规制进行打分，已经得到了基本的数据资料。本章研究为了使数据分析更为准确，将对数据进行更深层次的处理。通常来讲，政策力度越大，所制定的政策措施越具体，政策的总强度就越高。因此，本章研究借鉴张国兴等人的数据处理方法，利用公式（4.1）来计算各年度三种类型环境规制政策的总强度。

$$CER_{it} = \sum_{j=1}^{n} ERP_{jit} = \sum_{j=1}^{n} (p_{jit} \times g_{jit}) = \sum_{j=1}^{n} (p_{ijt} \times \sum_{k}^{6} m_{kijt})$$
$$i = 1, 2, 3; t = [2015, 2020] \tag{4.1}$$

其中，CER_{it} 表示 t 年颁布的第 i 类中央层面环境规制的总强度，i 取值分别为 1、2、3，分别表示命令控制型环境规制、市场激励型环境规制和社会参与型环境规制；ERP_{jit} 表示 t 年政府颁布的第 i 类环境规制政策包含的第 j 项政策的政策强度；p_{jit} 表示 t 年第 i 类环境规制包含的第 j 项政策的政策力度；g_{jit} 表示 t 年第 i 类环境规制包含的第 j 项政策的政策措施，由上文提到的六类政策措施的得分加总得出，用 m_{kjit} 表示。

此外，我国政府主导的环境政策均满足自上而下的制定模式，即环境政策是中央政府牵头颁布，而地方政府负责落实并执行，中央和地方政府之间存在"决策—执行"的关系（蔡乌赶，2017；沈洪涛，2017）。各地根据自身经济发展水平、环境污染状况、公众环保意识选择适合地区发展的环境规制措施，不同的环境规制措施在不同地区的效果不同（郑石明，2019），当地政府对中央颁布的环境规制政策的执行程度可以通过该省的工业污染治理投资完成额（investment completed in pollution treatment projects）进行表征（张国兴，2019）。国家层面对环境保护的重视程度通过量化环境规制政策文本进行衡量，地方政府对中央环境规制政策的执行情况通过工业污染治理投资完成额进行衡量。从中央环境规制政策和各省、自治区工业污染治理投资完成额两方面综合构建环境规制指标，从而更加准确地反映出政策从颁布制定到执行落实等阶段的强度或力度。因此，考虑到我国政策体系具有"自上而下"的特性，为了更好地表征各省份环境规制强度，本章研究借鉴张国兴等人（2021）的研究成果，使用中央层面环境规制政策总强度乘以每年全国各省及自治区（由于西藏自治区存在缺失值，计算中予以剔除）工业污染治理投资完成额代表地区环境规制强度，利用公式（4.2）来计算每类环境规制政策在每年各个省份的规制强度。

$$RER_{lit} = CER_{it} \times ICPTP_{lt} \qquad (4.2)$$

其中，RER_{lit} 表示第 i 类政策在第 t 年的第 l 个省份的规制强度，CER_{it} 表示 t 年颁布的第 i 类中央层面环境规制的总强度，$ICPTP_{lt}$ 表示 t 年第 l 个省份工业污染治理投资完成额。

4.3.3　其他变量测量

（1）因变量

目前关于企业环境战略的测量包括三类：一是采用问卷调查法（潘楚林和田虹，2016；张根明和张元恺，2019），但此方法难以避免社会称许性问题；二是采用行业层面的代理变量，比如，研发投入占销售收入比重（李志斌，2021）、环保投入（高岩，2020）等，但行业层面的代理变量容易忽略微观层面中不同企业环境战略的异质性；三是采用内容分析法测量企业环境战略，通过分析上市公司企业年报、企业社会责任报告、企业可持续报告等，提取有关环境战略的信息并进行打分（衣凤鹏和徐二明，2014；李冬伟和张春婷，2017）。囿于企业环境责任问卷调查结果的主观性、公允性和有效性，本章研究根据上市公司公开披露的信息，参考衣凤鹏和徐二明（2014）、李冬伟和张春婷（2017）的测度方法对企业相关环境信息进行量化，以此衡量企业环境战略。本章研究主要借鉴巴内吉（2002）、陈等人（2015）提出的量表测量企业环境战略，具体测量题项如表4.3所示。在测量企业环境战略题项时，运用内容分析法将上市公司企业年报、企业社会责任报告中涉及环境题项的文本信息进行量化，当企业发布的各类报告中提及该题项的内容时得1分，没有提及题项内容时得0分，在此基础上将每项内容的分数加总，最终得到每家企业环境战略的数据，取值为0~5分，分数越高，企业环境战略水平越高。

表4.3 企业环境战略测量题项

题项序号	内容	题项来源
Env1	企业已将环境问题纳入战略规划	
Env2	企业将环境目标与企业其他目标联系在一起	
Env3	企业的质量管理包括减少对环境的影响	Banerjee（2002） Chen et al.（2015）
Env4	企业开发对环境友好的产品和工艺	
Env5	企业研发中会考虑环境问题	

资料来源：Banerjee（2002），Chen et al.（2015）.

（2）中介变量

本章研究的中介变量是高管认知，它反映了企业高管团队对环境保护这一议题给予的关注度大小。高管认知的测量是存在客观挑战的，在以往的相关研究中，学者们主要通过人口统计学特征数据、访谈调研、调查问卷和内容分析法等方式对高管认知进行衡量（Muller，2016；和苏超，2016），但它们存在以下局限性：一是关于认知的调研问卷大多是在国外情境下构建的，对于国内企业不一定适用；同时，对于问卷内容的填写要求较高，由于涉及高层管理者，需要填写者对企业战略决策较为熟悉，因此具备一定的主观性且回应率较低，再加之管理者存在回忆偏差，难以测量过往管理者的认知。二是采用客观的高管人口统计学特征对认知模式进行衡量（董临萍，2017），尽管人口统计学和认知之间有着间接联系，但该方法在应用上也有其局限性，它无法真实、系统和准确地代表或刻画出高层管理者的心理特征和认知特性。

经过多年探索，里格等人（Duriau Reger et al.，2007）发现内容分析法在捕捉高管认知方面具有较高的应用前景，这一方法的提出满足斯帕尔（Whorf – Spair，1956）提出的假设，该假设认为，通常情况下人们会使用处于认知中心地带的语言和文字，而它们恰好映射出思维模式中最受关注的领域，语言系统反映了一个人的认知和心理，也会决定一个人的行为方式。因此，可以通过企业年报中披露与环境保护高度相关的关键词来表征高管认知这一变量，关键词出现的频率能够反映高管团队对环境保护的重视程度，而频率的高低则与他们对环保认知水平成正比（吴建祖，2021），即关键词出现的频率越高，高管对环境保护的认知水平就越高。同时，众多学者将内容分析法引入高管认知的研究中，比如，穆勒和怀特曼（Muller & Whiteman，2016）在研究企业对慈善事业的关注和实践时，通过对公司年度报告中"慈善事业（philanthropy）""慈善的（philanthropic）""慈善（charity）""慈善的（charitable）"等特定主题词频数统计占年报总字数的比值来衡量企业高管对慈善事业的关注程度；辛和尤（Shin & You，2020）在研究 CEO 认知过程中考虑到公司高层管理者通过公司年度报告中发布的致股东的信向外界利益相关者传递企业战略决策的信号；巴克等（Back et al.，2020）在研究 CEO 时间焦点与企业战略变革的过程中，通过分析致股东的信中提及"以前（ago）""回想起（remembered）"等关键词是与过去的时间相关，而"即将发生（coming）""将要（will）"等关键词则与未来的时间有关（Back，2020）。由此可见，公司致股东的信（letters to share-holders，LTS）或年度报告是学者们对高管团队认知进行研究的主要文本分析材料。

　　国外的研究中大多使用致股东的信作为分析对象，考虑到我国上市企业的实际情况并结合证监会对上市企业年报信息披露的规定，本章研究在陈等（2015）、吴建祖（2021）等学者的研究基础上，根据披露内容的完整度和数据的可获取性、可得性，利用上市公司年报中"经营情况分析与讨论"这一部分内容进行文本分析。尽管企业年报中不能全面涵盖高层管理者的认知，但年报的编制过程是由企业高管主导参与和讨论的，耗费大量人力和精力撰写并公开披露。企业年度报告不仅总结了当年经营状况，还有对公司战略议题和未来发展的思考，反映了高层管理者思维中最为活跃和最前沿的信息（Zhao，2016），因此，使用企业年报中"经营情况分析与讨论"这一部分内容进行文本分析，其效度是有保障的。

　　具体的处理步骤如下：第一，手动摘录 2015～2020 年这六年间的 911 家上市公司年报中"经营情况分析与讨论"一章，复制在 Word 文档形成初始文本资料。借助 ROST Content Mining 系统对上市公司年报中的关键词进行提取，利用词频分析软件中自带的文档批量处理功能将抽样形成的政策样本合并为一份"母文本"，对"母文本"进行分词处理；第二，通过该软件自带的分词过滤功能，将文本里面的虚词、副词、连接用语和其他与环境保护不相关的词语过滤掉，此外还需要剔除词频过低的词汇（低于总词频 5%），词频过低的词语属于管理者认知的外围地带；第三，邀请一名管理学领域的教授和四名企业管理专业的硕士研究生对初步筛选的词汇进行分类，甄选软件筛选出的关键词中含义相近的词汇，形成高管认知关键词词表，见表 4.4；第四，使用 Nvivo 软件和 Python 编程语言对上市公司年报中"经营情况分析与讨论"部分的文本进行分析。步骤如下：一是将上市公司年报"经营情况讨论与分析"一章导入 Nvivo 软件中；二是进行关键词编码；三是检查已筛选出的关键的语境匹配度，剔除掉不符合语境的关键词；四是利用 Python 编程语言统计出关键词词频数和报告中的总字数。当然，为保证研究的信度和效度，也考虑到企业年报中"经营情况分析与讨论"这一部分内容文本的长度有所差异，因此需要对数据进行标准化处理，参考董临萍和宋渊洋（2017）的测量方法，本章研究用关键词出现的词频数和每个关键词字数的乘积占上市公司年报中"经营情况分析与讨论"的总字数（以千字为单位）的比值作为量化数据。

表 4.4　　　　　　　　　　　　　高管认知关键词词表

环境	环保	节能	生态	能源	保护	大气	生物
再生	回收	低碳	污染	废水	废气	废渣	三废
排污	降耗	达标	节约	消耗	减排	防治	燃料
清洁	绿色	绿化	循环	空气	净化	能耗	废弃物
碳达峰	可持续	碳中和	碳排放	环境友好	综合利用	自然资源	安全生产

资料来源：本书整理。

（3）控制变量

为了排除其他因素对回归模型和数据分析的影响，根据以往研究文献，本章研究分别从企业特征与公司治理层面对企业环境战略的影响因素进行了控制。

①企业规模。

一些学者认为，规模大的企业拥有较强的生产能力，具备更多的资源，因此，会有更雄厚的实力在环境保护方面作出努力，特别是在环境战略措施的实施中（Henriques，2017）。此外，规模大的企业容易受到政府、公众的关注，调控更多的社会资源（杨德锋，2012），在环境问题上发挥更大的作用（Darnall，2010）。而中小型企业的资源和能力有限、高管环保认知不足会限制企业开展环境保护行动（Delgado-Ceballos，2012）。本章研究以企业期末总资产的对数来衡量企业规模（Qi，2020；Ma，2021）。

②企业盈利能力。

在现有研究中，对于环境问题的关注和重视程度可能取决于企业自身盈利能力，企业盈利性越好就越会在环境问题上加大投入，企业才能有更多的资金调配给环境管理当中（I Heras-Saizarbitoria，2011；Baek，

2017）。然而也有学者认为，企业在环境管理方面投入过多也会导致利润减少（叶强生，2010）。本章研究选择净资产收益率来表示企业盈利能力（李端生，2019）。

③高管团队规模。

企业基本特征中包含高管团队规模这一项，团队规模越大，拥有的信息越全面，越能更好地发挥智囊作用（Alexiev，2010），会为企业提供更多决策建议和备选方案，进而更有可能帮助企业作出正确的战略选择。本章研究用高管人员人数对数来衡量高管团队规模。

④董事会规模。

董事会规模是公司治理和战略控制主要影响因素之一（叶陈刚，2016），多数学者研究表明，由于规模较大的董事会能够代表相对广泛利益的相关者，因此能够满足多方利益者的需求，制定出推动企业长远发展的环境战略。因此，本章研究认为董事会规模越大，越有利于公司制定出正确的战略决策，当然也有学者认为，董事会规模过大会降低信息在内部传播的有效性。本章研究使用董事会人数的对数来衡量董事会规模。

⑤企业性质。

根据企业所有权性质不同，将企业划分为国有企业和非国有企业。由于国有企业比较遵守监管规定，得到更多的政策支持，总的来说国企的环境管理水平较高，同时国企也承担更多的履约责任，受到政府、公众和媒体的监督较多，因此，与非国有企业相比，国有企业所面临的约束、资源配置等差异都会影响企业环境战略的制定（边明英，2021）。本章研究使用虚拟变量表征企业性质，用 1 来表征国有企业，0 来表征非国有企业。

⑥行业性质。

以环保部于 2008 年发布的《上市公司环保核查行业分类管理名录》为分类依据，本章研究将行业性质分为两大类，即重污染行业和非重污染行业。不同行业在环境治理过程中存在的差异较大（杨德锋，2012），重污染企业会造成更为严重的环境污染，也会受到更多的社会监督，因此会促使企业制定积极的环境战略减轻对环境的影响。本章研究使用虚拟变量表征行业性质，用 1 来表征重污染企业，0 来表征非重污染企业。

此外，由于不同省份经济发展水平和地方政府环保重视程度之间存在差异，致使当地企业应对环境规制的环保战略也有所差异，因此，本章研究还设置了省份虚拟变量，用以控制省份对因变量的影响，本章研究的研究变量汇总如表 4.5 所列。

表 4.5   研究变量汇总

变量类型	变量名称	变量符号	测量方法
自变量	命令控制型环境规制	*Command*	政策文本量化数据与工业污染治理投资完成额乘积形成的综合指标
	市场激励型环境规制	*Market*	
	社会参与型环境规制	*Participation*	
因变量	企业环境战略	*Envs*	测量题项的总分，取值为 0~5 范围的整数
中介变量	高管认知	*Cognition*	高管团队对环境保护相关关键词的出现频率与给各关键词字数乘积除以上市公司年报"经营情况讨论与分析"后的标准化结果
控制变量	企业规模	*Size*	企业期末总资产的对数
	企业盈利能力	*Roe*	净资产收益率 = 净利润/[（本年期初净资产 + 本年期末净资产）/2]
	高管团队规模	*Tmtsize*	高管团队人数的对数
	董事会规模	*Boardsize*	董事会人数的对数
	企业性质	*Property*	1 = 国有企业，0 = 非国有企业
	行业性质	*Industry*	1 = 重污染企业，0 = 非重污染企业
	省份	*Province*	省份虚拟变量，30 个省生成 29 个虚拟变量

资料来源：本书整理。

4.3.4　模型构建

借鉴苗苗等人（2019）的研究方法，本章研究回归分析采用了计量经济学中的面板数据模型，是因为数据是由时间序列和个体样本构成的，与截面数据或时间序列数据相比，面板数据可以更全面地反映研究问题，得出更稳健的研究结论。此外，借鉴马艳艳等人（2018）的研究，本章研究引入环境规制的滞后一期作为解释变量，一方面为避免同期所致的内生性问题，另一方面环境规制对企业环境战略的影响并不能当期立竿见影，存在滞后效应。同时，为使回归结果稳健，本章研究的所有回归均使用异方差–稳健标准误。为了检验命令控制型、市场激励型和社会参与型环境规制对企业环境战略的影响，基于前文理论分析与数据测量，建立了多元回归模型1：

模型1：

$$Envs_{i,t} = \alpha_0 + \alpha_1 Command_{i,j,t-1} + \alpha_2 Market_{i,j,t-1} + \alpha_3 Participation_{i,j,t-1}$$
$$+ \alpha_4 Size_{i,t} + \alpha_5 Roe_{i,t} + \alpha_6 Tmtsize_{i,t} + \alpha_7 Boardsize_{i,t}$$
$$+ \alpha_8 Property_{i,t} + \alpha_9 Industry_{i,t} + \sum Province + \varepsilon$$

其中，$Envs_{i,t}$ 表示企业 i 第 t 年的环境战略，$Command_{i,j,t-1}$ 表示企业 i 所在省份 j 第 $t-1$ 年的命令控制型环境规制，$Market_{i,j,t-1}$ 表示企业 i 所在省份 j 第 $t-1$ 年的市场激励型环境规制，$Participation_{i,j,t-1}$ 表示企业 i 所在省份 j 第 $t-1$ 年的社会参与型环境规制。$Size_{i,t}$，$Roe_{i,t}$，$Tmtsize_{i,t}$，$Boardsize_{i,t}$，$Property_{i,t}$，$Industry_{i,t}$ 均表示控制变量的数据，模型中还加入省份固定效应（$Province$）。系数 α_0 为截距项，系数 α_i（i 取值为 $1\sim9$）为系数项，ε 表示残差。

本章研究参考温忠麟等人（2016）归纳的有关中介效应检验方法，进一步验证高管认知变量是否在环境规制与企业环境战略之间起中介作用，并构建以下多元回归模型，模型2为不同类型环境规制与高管认知的回归模型，模型3为加入中介变量高管认知后，不同类型环境规制、高管认知与企业环境战略的回归模型。

模型2：

$$Cognition_{i,t} = \beta_0 + \beta_1 Command_{i,j,t-1} + \beta_2 Market_{i,j,t-1} + \beta_3 Participation_{i,j,t-1}$$
$$+ \beta_4 Size_{i,t} + \beta_5 Roe_{i,t} + \beta_6 Tmtsize_{i,t} + \beta_7 Boardsize_{i,t}$$
$$+ \beta_8 Property_{i,t} + \beta_9 Industry_{i,t} + \sum Province + \varepsilon$$

模型 3：

$$Envs_{i,t} = \delta_0 + \delta_1 Command_{i,j,t-1} + \delta_2 Market_{i,j,t-1} + \delta_3 Participation_{i,j,t-1}$$
$$+ \delta_4 Cognition_{i,t} + \delta_5 Size_{i,t} + \delta_6 Roe_{i,t} + \delta_7 Tmtsize_{i,t}$$
$$+ \delta_8 Boardsize_{i,t} + \delta_9 Property_{i,t} + \delta_{10} Industry_{i,t} + \sum Province + \varepsilon$$

其中，$Cognition_{i,t}$ 为企业 i 第 t 年的高管认知，代表高管团队对环境保护的重视程度，系数 β_0、δ_0 为截距项，系数 β_i（i 取值为 $1 \sim 9$）、δ_i（i 取值为 $1 \sim 10$）为系数项，其余变量含义同前文。参照温忠麟等人提出的中介效应检验步骤，具体如图 4.2 所示。

第一步，将三种不同类型的环境规制与企业环境战略变量同时放入模型 1 中进行直接回归，检验主效应是否成立。若 α_i（i 取值为 $1 \sim 3$）显著为正，则流程继续，进行下一步检验，这时 α_i（i 取值为 $1 \sim 3$）表示环境规制影响企业环境战略的总效应；如果检验结果中相关关系不显著，则无法满足中介效应检验的前提条件，中止后续步骤。

第二步，将环境规制于高管认知变量同时放入模型 2 中进行回归模型的拟合，观察 β_i（i 取值为 $1 \sim 3$）是否显著；把环境规制和高管认知同时当作自变量与企业环境战略进行回归模型的拟合，如模型 3 所示，观察系数 δ_i（i 取值为 $1 \sim 3$）、δ_4 的显著性。

第三步，结合第二步中，如果 β_i（i 取值为 $1 \sim 3$）、δ_4 都显著时，δ_i（i 取值为 $1 \sim 3$）存在不显著的情况则说明高管认知在三种不同类型的环境规制和企业环境战略之间存在完全中介效应，此时环境规制不直接影响企业环境战略，必须通过高管认知影响企业环境战略；当 δ_i（i 取值为 $1 \sim 3$）存在显著情况则意味着发挥部分中介的作用。当 β_i（i 取值为 $1 \sim 3$）和 δ_4 中至少有一个不显著时，则需要进行 Sobel 检验继续检验中介作用是否成立。

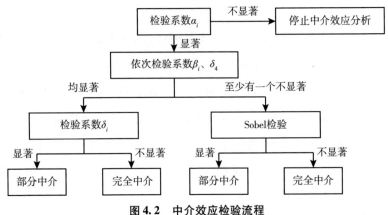

图4.2　中介效应检验流程

注：i 取值为 1～3。
资料来源：温忠麟等（2004）。

4.4　假设检验与结果分析

4.4.1　模型检验

（1）描述性分析

在进行回归分析之前，本章研究首先借助描述性统计分析方法对研究中设计的所有变量作简要分析，描述各变量的基本特点，见表4.6。

表4.6　　　　　　　　　　　　变量描述性统计

变量	平均值	标准差	最小值	最大值
Envs	2.497	1.267	0.000	5.000
Cognition	9.361	7.216	0.000	70.378
Command	17.913	1.140	11.508	19.852
Market	16.160	1.103	9.567	17.909
Participation	16.867	1.088	10.838	18.572
Size	22.322	1.167	19.138	27.547

变量	平均值	标准差	最小值	最大值
Roe	0.071	0.836	−2.401	60.568
Tmtsize	6.397	2.369	1.000	21.000
Boardsize	8.461	1.605	4.000	17.000
Property	0.290	0.454	0.000	1.000
Industry	0.440	0.497	0.000	1.000

资料来源：Stata 分析整理。

从表4.6可以看出，企业环境战略得分的均值为2.497，标准差为1.267，数据分布集中在2.5附近，表明大部分企业环境战略处于中等水平。高管认知的均值为9.361，标准差为7.216，说明样本企业中的高管认知水平有待进一步提升，并且从最大值和最小值可以看出不同企业高管认知的差异较大。命令控制型环境规制的均值为17.913，标准差为1.140；市场激励性环境规制的均值为16.160，标准差为1.103；社会参与型环境规制的均值为16.867，标准差为1.088，总体而言命令控制型环境规制强度最强，说明在我国政府规制中仍以命令控制型规制为主导。在企业个体特征控制变量中，高管团队这一变量在各企业间存在较大差异性，而在企业盈利能力、企业性质和行业性质等变量中差异较小。

（2）相关性分析

主要研究变量的相关性数据研究统计见表4.7，相关性分析的目的是对变量之间是否存在依存关系做出初步判断。考虑到变量之间可能存在着多重共线性问题，所以本章研究对所有的自变量和控制变量进行了 Spearman 相关性检验分析。由于本章研究选用的变量之间不一定呈现正态分布且因变量是有序分类变量，因此选用对原始变量不作要求，适用范围广泛的 Spearman 相关性分析方法。相关性系数的绝对值越大，说明各变量之间相关性越强。相关性数据结果显示，绝大部分变量之间都存在显著的相关性，且大多数相关系数的绝对值均在0.8以下，基本可以排除存在严重多重共线性问题。

表 4.7

相关性分析

变量	Enus	Cognition	Command	Market	Participation	Size	Roe	Tmsize	Boardsize	Property	Industry
Enus	1.000										
Cognition	0.298 ***	1.000									
Command	0.255 ***	0.036 ***	1.000								
Market	0.271 ***	0.041 ***	0.953 ***	1.000							
Participation	0.285 ***	0.024 ***	0.816 ***	0.875 ***	1.000						
Size	0.234 ***	0.126 ***	-0.113 ***	-0.110 ***	-0.101 ***	1.000					
Roe	0.096 ***	-0.010 **	0.069 ***	0.076 ***	0.061 ***	0.190 ***	1.000				
Tmsize	0.121 ***	0.072 ***	-0.072 ***	-0.078 ***	-0.077 ***	0.301 ***	0.071 ***	1.000			
Boardsize	0.114 ***	0.070 ***	-0.034 **	-0.040 **	-0.044 **	0.222 ***	0.064 ***	0.228 ***	1.0000		
Property	0.054 ***	0.100 ***	-0.170 ***	-0.179 ***	-0.169 ***	0.352 ***	-0.032 **	0.207 ***	0.271 ***	1.000	
Industry	0.121 ***	0.262 ***	-0.079 ***	-0.083 ***	-0.081 ***	0.084 ***	0.074 ***	0.066 ***	0.065 ***	0.114 ***	1.000

注：** 表示 $P < 5\%$，*** 表示 $P < 1\%$。

资料来源：Stata 分析整理。

（3）回归分析

本章研究使用统计软件 Stata 17.0 对各研究变量进行多元回归分析以验证环境规制、高管认知、企业环境战略之间的影响关系。首先，检验环境规制与企业环境战略之间的影响关系（模型2），验证假设 H1a、H1b、H1c；其次，检验高管认知在环境规制和企业环境战略之间的中介效应（模型3和模型4），验证假设 H2a、H2b、H2c。

①环境规制对企业环境战略影响的直接效应。

如表4.8所示，模型1中是只包括控制变量的回归模型，主要为了检验控制变量与企业环境战略之间的影响关系。本章研究涉及的控制变量具体是企业规模、企业盈利能力、高管团队规模、董事会规模、企业性质、行业性质。其中，企业规模、企业盈利能力和行业性质均在1%水平上与企业环境战略呈显著正相关，说明企业规模越大，盈利能力越强，就越有利于企业关注环境战略，规模大的企业本身就具有较强的实力并且容易获得资金优势，并且当行业性质为重污染企业时，越倾向于制定企业环境战略。

表4.8 控制变量与企业环境战略的回归结果

环境	模型1			
	系数	标准误	t 值	P 值
Size	0.046 **	0.016	2.88	0.004
Roe	0.011 ***	0.001	10.90	0.000
Tmtsize	0.011	0.006	1.93	0.054
Boardsize	0.014	0.011	1.24	0.214
Property	0.058	0.060	0.97	0.333
Industry	0.316 ***	0.068	4.65	0.000
Constant	1.098 **	0.392	2.8	0.005
Province	控制			
Prob > chi 2	0.0000			
R – squared	0.1636			

注：** 表示 $P < 5\%$，*** 表示 $P < 1\%$。
资料来源：Stata 分析整理。

在此基础上，加入自变量进行进一步研究。本章研究使用随机效应模型分析不同类型环境规制对企业环境战略的影响，回归结果见表4.9。

表4.9　　　　　　　　　　环境规制与企业环境战略的回归结果

环境	模型2			
	系数	标准误	t 值	P 值
Command	0.170 ***	0.026	6.49	0.000
Market	− 0.288 ***	0.042	− 6.93	0.000
Participation	0.111 ***	0.017	6.51	0.000
Size	0.149 ***	0.020	7.44	0.000
Roe	0.010 ***	0.001	7.93	0.000
Tmtsize	0.009	0.006	1.45	0.147
Boardsize	0.007	0.011	0.65	0.517
Property	0.084	0.057	1.48	0.139
Industry	0.333 ***	0.066	5.03	0.000
Constant	− 1.398	0.607	− 1.46	0.144
Province	控制			
Prob > chi 2	0.0000			
R − squared	0.1984			

注：*** 表示 $P < 1\%$。
资料来源：Stata 分析整理。

从表4.9的结果可以看出，命令控制型环境规制的回归系数为0.170，在1%的水平下显著正相关，表明命令控制型环境规制对企业环境战略产生显著正向影响，假设 H1a 成立，命令控制型规制具有较强的约束特点，有效监督企业加大对环境保护的关注，从而达到了政府规制的效果。市场激励型环境规制的回归系数为 − 0.288，在1%的水平下显著负相关，表明市场激励型环境规制对企业环境战略产生显著负向影响，假设 H1b 不成立，由于我国市场体系建设不完善，无法真正发挥市场激励的作用。社会参与型环境规制的回归系数为0.111，在1%的水平下显著正相关，表明社会参与型环境规制对企业环境战略产生显著正向影响,假设 H1c 成立,随着我国公众参与和企业社会责任意识的提高,积极引导企业作出环境保护的战略决策。此外,从回归系数上看,命令控制型环境规制对企业环境战略的促进作用大于社会参与型环境规制,虽然社会参与型环境规制日益发挥其监督作用,但企业战略决策的制定相对独立,并且公众参与的环境规制形式和渠道相对有限,所以其规制强度对企业环境战略的影响作用相对较弱。

②高管认知中介效应检验。

本章研究采用温忠麟的逐步法进一步验证高管认知的中介效应。结合上文的回归分析结果,三种类型环境规制与企业环境战略关系显著,因此,按照模型 3 和模型 4 进行回归分析,继续验证高管认知在环境规制与企业环境战略之间的中介作用。

第一步:环境规制与高管认知的回归分析,分析结果如表 4.10 所示。

表 4.10　　　　　　　　　环境规制与高管认知的回归结果

认知	模型 3			
	系数	标准误	t 值	P 值
Command	2.202***	0.207	10.63	0.000
Market	−3.541***	0.323	−10.04	0.000
Participation	1.624***	0.164	9.88	0.000
Size	0.196	0.168	1.17	0.242
Roe	0.014	0.019	0.71	0.477
Tmtsize	−0.023	0.055	−0.42	0.677
Boardsize	−0.028	0.072	−0.38	0.701
Property	0.382	0.401	0.95	0.341
Industry	2.339***	0.427	5.48	0.000
Constant	−6.092	4.245	−1.43	0.151
Province	控制			
Prob > chi 2	0.0000			
R − squared	0.1103			

注:*** 表示 $P < 1\%$。
资料来源:Stata 分析整理。

从表 4.10 的结果可以看出，命令控制型环境规制的回归系数为 2.202，P 值为 0.000，小于 0.01，表明命令控制型环境规制对高管认知产生显著正向影响。市场激励型环境规制的回归系数为 -3.541，P 值为 0.000，小于 0.01，表明市场激励型环境规制对高管认知产生显著负向影响。社会参与型环境规制的回归系数为 1.624，P 值为 0.000，小于 0.01，表明社会参与型环境规制对高管认知产生显著正向影响。

第二步：加入高管认知后，环境规制与企业环境战略的回归分析，分析结果见表 4.11。

表 4.11　　　环境规制、高管认知与企业环境战略的回归分析结果

环境	模型 4			
	系数	标准误	t 值	P 值
Command	0.156 ***	0.026	5.95	0.000
Market	-0.266 ***	0.042	-6.34	0.000
Participation	0.101 ***	0.017	5.92	0.000
Cognition	0.007 ***	0.002	3.82	0.000
Size	0.153 ***	0.020	7.64	0.000
Roe	0.010 ***	0.001	7.36	0.000
Tmtsize	0.009	0.006	1.53	0.127
Boardsize	0.008	0.011	0.70	0.481
Property	0.083	0.055	1.50	0.134
Industry	0.325 ***	0.066	4.92	0.000
Constant	-1.492 *	0.605	-2.46	0.014
Province	控制			
Prob > chi 2	0.0000			
R – squared	0.2194			

注：* 表示 $P<10\%$，*** 表示 $P<1\%$。
资料来源：Stata 分析整理。

从表 4.11 的回归分析结果可以看出，加入中介变量高管认知以后，命令控制型环境规制与企业环境战略的回归系数为 0.156，在 1% 的水平下显著正

相关，与模型 1 相比，此时命令控制型环境规制的系数大小显著下降了，这是因为模型 2 中回归系数 α_1 和显著性水平是命令控制型环境规制对企业环境战略影响的总效应，既包含命令控制型环境规制对企业环境战略的直接效应，也包含它通过高管认知这一中介变量对企业环境战略的间接效应，而模型 4 中由于加入了高管认知，此时命令控制型环境规制对企业环境战略的影响部分被高管认知所表现，因此，导致命令控制型环境规制的系数值变小。加入中介变量高管认知后，市场激励型环境规制与企业环境战略回归系数为 -0.266，在 1% 的水平下显著负相关，与模型 2 相比，此时市场激励型环境规制相关系数的绝对值大小显著下降了。与此同时，在高管认知作为中介变量的影响下，社会参与型环境规制与企业环境战略的回归系数为 0.101，在 1% 的水平下显著正相关，与模型 2 相比，此时社会参与型环境规制的系数大小也显著下降了。对比模型 2 ~ 模型 4 发现，在加入中介变量高管认知后，三种不同类型的环境规制与企业环境战略之间的显著性仍存在，可以表明高管认知在不同类型环境规制对企业环境战略的影响关系中起到部分中介作用。

虽然逐步法作为检验中介效应的经典方法一直被沿用至今，近年来却受到一些学者的质疑。温忠麟和叶宝娟（2014）认为，逐步法的中介检验存在第一类错误率低的问题，即系数乘积实际上是显著的却得不出显著的结论。目前 Bootstrap 法直接检验系数乘积置信区间得到学者们的广泛推崇和应用。因此为了增强中介效应的可靠性，本章研究在逐步法验证中介效应的基础上，再次运用 Bootstrap 法进行中介效应的检验。采用 Bootstrap 方法进行 5 000 次重复取样，置信区间的置信度设定为 95%，如果置信区间的上限和下限之间不包括零，则证明中介效应成立，分析结果见表 4.12。由表中结果可知，三种不同类型的环境规制对企业环境战略的直接影响和间接影响都是显著的，并且在高管认知的中介作用下，命令控制型环境规制、市场激励型环境规制和社会参与型环境规制与企业环境战略的间接影响系数分别为 0.023、0.028、0.158，置信区间分别为 [0.012, 0.035]、[0.016, 0.040]、[0.003, 0.029]，它们的置信区间都不包含零。由此可见，Bootstrap 法得出的结论与逐步法检验结果是一致的。

表 4.12　　　　　　　　基于 Bootstrap 方法的中介效应检验结果

	自变量	效应	标准误	95% 的置信区间	
				下限	上限
间接效应 直接效应	命令控制型 环境规制	0.023 *** 0.105 ***	0.006 0.022	[0.012 [0.062	0.035] 0.147]
间接效应 直接效应	市场激励型 环境规制	0.028 *** 0.147 ***	0.006 0.024	[0.016 [0.100	0.040] 0.194]
间接效应 直接效应	社会参与型 环境规制	0.158 ** 0.203 ***	0.007 0.025	[0.003 [0.154	0.029] 0.252]

注：** 表示 $P < 5\%$ ，*** 表示 $P < 1\%$ 。
资料来源：Stata 分析整理。

4.4.2　稳健性检验

为了验证分析结果是否可靠，本章研究选取重污染行业子样本进行稳健性检验。现有研究中，多数学者选取某一特定样本展开分析，其中选择最多的就是重污染企业样本，因为重污染行业为国民经济发展作出了巨大贡献，但同时其高污染、高能耗、高排放的特征也对我国生态环境造成极大的威胁。为此，本章研究借鉴谢荣辉（2021）的检验方法，在稳健型检验中剔除上述样本中没有被列入重污染行业的企业样本，进一步证实环境规制、高管认知和企业环境战略之间的影响关系。

（1）环境规制与企业环境战略的回归分析

环境规制与企业环境战略的回归结果如表 4.13 所示。

表 4.13　　　　　　　环境规制与企业环境战略的回归结果

环境	模型 5			
	系数	标准误	t 值	P 值
Command	0.233	0.050	4.62	0.000
Market	−0.379	0.075	−5.05	0.000

续表

环境	模型 5			
	系数	标准误	t 值	P 值
Participation	0.160***	0.039	4.11	0.000
Size	0.225***	0.040	5.56	0.000
Roe	0.019	0.027	0.71	0.481
Tmtsize	0.019*	0.010	2.01	0.045
Boardsize	−0.014	0.024	−0.56	0.574
Industry	0.272*	0.120	2.26	0.024
Constant	−3.321**	1.281	−2.59	0.010
Province	控制			
Prob > chi 2	0.0000			
R − squared	0.2222			

注：* 表示 $P < 10\%$，** 表示 $P < 5\%$，*** 表示 $P < 1\%$。
资料来源：Stata 分析整理。

从表 4.13 的结果可以看出，命令控制型环境规制的回归系数为 0.233，在 1% 的水平下显著正相关，表明命令控制型环境规制对企业环境战略产生显著正向影响。市场激励型环境规制的回归系数为 −0.379，在 1% 的水平下显著负相关，表明市场激励型环境规制对企业环境战略产生显著负向影响。社会参与型环境规制的回归系数为 0.160，在 1% 的水平下显著正相关，表明社会参与型环境规制对企业环境战略产生显著正向影响。并且命令控制型环境规制的回归系数大于社会参与型环境规制的回归系数。通过与前文回归结果进行比较可以看出，选取重污染行业子样本回归分析得到的结果无显著差异，说明本章研究得出的三种不同类型环境规制对企业环境战略影响的结果具有可靠性。

（2）高管认知的中介效应

第一步：环境规制与高管认知的回归分析结果如表 4.14 所示。

表 4.14   环境规制与高管认知的回归结果

认知	模型 6			
	系数	标准误	t 值	P 值
Command	2.245 ***	0.441	5.09	0.000
Market	−3.420 ***	0.765	−4.47	0.000
Participation	1.599 ***	0.348	4.60	0.000
Size	−0.056	0.298	−0.19	0.852
Roe	−0.600	0.475	−1.26	0.207
Tmtsize	−0.087	0.118	−0.74	0.459
Boardsize	0.005	0.142	0.03	0.973
Industry	3.435 ***	0.846	4.06	0.000
Constant	−1.659	8.232	−0.20	0.840
Province	控制			
Prob > chi 2	0.0000			
R − squared	0.1936			

注：*** 表示 $P < 1\%$。
资料来源：Stata 分析整理。

从表 4.14 的结果可以看出，命令控制型环境规制的 P 值小于 0.01，回归系数为 2.245，说明命令控制型环境规制对高管认知产生显著正向影响。市场激励型环境规制的 P 值小于 0.01，回归系数为 −3.420，说明市场激励型环境规制对高管认知产生显著负向影响。社会参与型环境规制的 P 值小于 0.01，回归系数为 1.599，这说明社会参与型环境规制对高管认知产生显著正向影响。通过与前文对比可以看出，选取重污染行业子样本进行回归分析得到结果无显著差异，这说明本章研究得出的不同类型环境规制对高管认知影响的结果具有可靠性。

第二步：加入高管认知后，环境规制与企业环境战略之间的回归分析，结果如表 4.15 所列。

表 4.15　　　　　　　　环境规制、高管认知与企业环境战略的回归结果

环境	模型 7			
	系数	标准误	t 值	P 值
Command	0.221 ***	0.050	4.40	0.000
Market	− 0.360 ***	0.075	− 4.80	0.000
Participation	0.151 ***	0.039	3.92	0.000
Cognition	0.006 *	0.003	2.01	0.045
Size	0.231 ***	0.040	5.77	0.000
Roe	0.023	0.028	0.81	0.419
Tmtsize	0.020 *	03010	2.07	0.039
Boardsize	− 0.013	0.024	− 0.56	0.578
Industry	0.260 *	0.120	2.16	0.031
Constant	− 3.456 **	1.266	− 2.73	0.006
Province	控制			
Prob > chi2	0.0000			
R − squared	0.2394			

注：＊表示 $P < 10\%$ ，＊＊表示 $P < 5\%$ ，＊＊＊表示 $P < 1\%$ 。
资料来源：Stata 分析整理。

从表 4.15 的回归分析结果可以看出，加入中介变量高管认知后，命令控制型环境规制的回归系数为 0.221，P 值小于 0.01；市场激励型环境规制的回归系数为 − 0.360，P 值为小于 0.01；社会参与型环境规制的回归系数为 0.151，P 值小于 0.01，上述数据结果表明，命令控制型环境规制和社会参与型环境规制对企业环境战略产生显著正向影响，市场激励型环境规制对企业环境战略产生显著负向影响。高管认知的 P 值小于 0.05，表明高管认知对企业环境战略产生显著正向影响，并且三种不同类型环境规制的回归系数在加入管理认知变量后数值均减小，因此高管认知在环境规制与企业环境战略的关系中发挥了显著的部分中介作用。通过对比前文回归结果可以看出，选取重污染行业子样本进行回归分析结果无显著差异，表明本章研究得出的三种不同类型环境规制、高管认知对企业环境战略影响的结果具有稳定性。

4.5 研究小结

本章的研究基于中国制度情境，结合制度理论和高层梯队理论对环境规制与企业环境战略之间的影响关系进行了讨论，并引入高管认知作为中介变量，构建研究模型。以 2015～2020 年间的 A 股 911 家制造业上市公司为研究样本，通过实证分析得出以下研究结论。

（1）环境规制与企业环境战略

本章研究从微观企业视角出发，考虑到环境规制形式的异质性，将环境规制划分为命令控制型环境规制、市场激励型环境规制和社会参与型环境规制三种类型，深入分析它们对企业环境战略产生的影响效果。研究结果表明市场激励型环境规制对企业环境战略产生显著负向影响，命令控制型环境规制和社会参与型环境规制对企业环境战略具有显著正向影响，且这种影响作用存在差异性，其中命令控制型环境规制对企业环境战略的影响作用较大，原因可能是在较短时间范围内，强制作用较大的命令控制型环境规制更能约束企业行为，违规成本迫使企业制定积极的环境战略，而社会参与型规制缺乏强制推动力，企业自愿参与的意愿得不到充分激发，因此社会参与型环境规制对企业环境战略的促进作用较弱。

（2）高管认知的中介作用

本章研究引入高管认知这一中介变量，探究其在环境规制与企业环境战略之间的影响机理，这一中介变量打开了环境规制与企业环境战略关系的"黑盒子"。研究结果表明，高管认知在环境规制对企业环境战略影响中起到部分中介作用，也就是说，从企业这一微观主体来看，企业面对环境规制时会根据高管认知模式和对政策环境的解释来构建环境战略。因此，本章研究认为环境规制作用于企业环境战略行为机制在于：环境规制不仅是企业战略选择的外部制度背景，而且更重要的是它内化为高管认知模式，高管团队将环境规制视内化为企业自愿环境治理的动力，强化环境意识并付诸实际行动，进而保证企业环境战略的选择。

第 5 章

市场激励型环境规制对企业
环境战略的影响

当前环保形势严峻，国家对环境治理给予了高度重视，陆续出台了众多环境规制政策，在具体政策法规层面，新的环境规制的出台与原有环境规制的革新同步推进，环境规制体系趋于成熟并逐渐涵盖命令控制型、市场激励型、公众参与型等多类型的环境规制（Jiang，2021）。其中，命令控制型环境规制（如"三同时"制度）[①] 长期以来在环境规制体系中占据着主要位置，但该类规制更加注重短期效果、企业抵抗性强等不足（Peng，2021）。公众参与型环境规制（如环境信访、环境投诉制度）能够发挥公众对企业环境问题的监督约束作用，但也存在执行力弱等缺陷。与上述两类环境规制相比，市场激励型环境规制（如环境税费、排污权交易制度）能够以更为灵活、更为多样的机制来推动企业致力于环境保护，弥补了命令控制型环境规制的抵抗性强、公众参与型环境规制的执行力弱等不足，逐渐成为政府解决生态环境问题的有效手段（Peng，2021；于连超，2019）。

企业的生产经营是造成环境污染的主要源头之一，也是环境规制的主要作用对象。随着政府环境监管力度的加大以及社会公众环保意识的提高，越来越多的企业已经感受到环境污染问题给企业发展带来的负面影响，越发重

---

① "三同时"制度：2015 年 1 月 1 日开始施行的《环境保护法》第四十一条规定："建设项目中防治污染的设施，应当与主体工程同时设计、同时施工、同时投产使用。"

视在生产经营决策中考虑环境因素并寻求有效的环保方案。企业环境战略涉及各类环境实践决策与实施的过程，被视为应对环保压力、解决环境污染问题的有效途径（Zhang，2021）。然而由于环境问题外部性的存在，企业在环境方面的投入往往成为一项额外成本却难以为企业带来可观收益，导致企业缺乏开展环境战略的动力和积极性（胡珺，2019）。为从源头上减少企业所造成的环境污染，如何推动企业实行环境战略逐渐成为理论研究领域和实践领域关注的热点。

国内外学者已经关注到市场激励型环境规制在企业环境战略方面发挥的作用，相关研究成果对于环境规制的施行和企业实践具有一定的参考意义。但是现有研究结果存在不一致的情况，一方面，现有研究多以单一环境实践来反映企业的环境战略实施状况，例如绿色创新、清洁生产等。然而，企业环境战略具有复杂性，仅单一环境实践的开展情况难以综合反映出企业在环境战略方面付诸的努力，也不利于从整体上判断市场激励型环境规制是否能够有效解决企业环境污染问题。而以多项环境实践的实施情况作为企业环境战略的衡量标准能够有效弥补上述缺陷（Nguyen，2022），可能有助于综合评价市场激励型环境规制的作用效果。另一方面，市场激励型环境规制对企业的影响需由多项规制工具或规制工具组合来实现，不同规制工具的作用方式不同，作用效果也存在差异（Yi，2022），将不同市场激励型环境规制工具纳入同一研究设计框架之中，有助于观察并分析其作用效果的差异性。

因此，本章聚焦市场激励型环境规制对企业环境战略的影响，重点探究环境税费和环境补助两项规制工具的作用效果。同时，为进一步探析企业在面对市场激励环境规制时进行环境战略的差异化表现，本章也关注了该作用效果在不同产权性质的企业和不同行业性质的企业之间的异质性，以及媒体关注度和内部控制质量的调节效应。

5.1　假设提出

根据外部性理论，生态环境问题具有外部性特征（胡珺，2019）。一方面，企业的生产经营会不可避免地对生态环境造成污染，企业却不承担环境破坏带来的损失；另一方面，企业的环境战略可以为他人带来环境福利而他人无须承担相应的成本，因此理性的商业实体缺乏实施环境战略的动力（胡珺，2019；Yi，2022）。

制度理论认为，来自政府的各种规章制度可以对企业的生产经营活动产生重要影响（Testa，2015）。作为环境规制体系的重要组成部分，市场激励型环境规制为解决环境外部性问题提供了有效方案，不仅能够通过市场化工具直接改变企业环境污染和环境实践的成本，也能通过环境合法性来影响企业对与环境有关决策的制定。李和拉马纳森（Li & Ramanathan，2018）、李等（Li et al.，2019）、王等（Wang et al.，2022）、易和吴（Yi & Wu，2021）等人的研究均表明市场激励型环境规制在引导企业进行环境战略方面发挥着重要作用，但学者们就该作用效果尚未达成统一。据此提出假设：

H1：市场激励型环境规制对企业环境战略具有显著影响。

市场激励型环境规制包含多种具体的规制工具。庇古（Pigou，1920）和科斯（Coase，1960）关于税收和市场化产权交易的研究为划分市场激励型环境规制工具的种类奠定了基础，之后学者们在研究中大多沿袭了该种分类方式并分别对两类规制工具的作用进行了探讨。其中，环境税费、环境补助等工具可以直接对企业环境行为的成本产生影响，推动企业将环境战略纳入生产经营决策的考虑范围（Yi，2022；田利辉，2022）；而排污权交易制度、碳交易制度等工具通过建立环境资源交易市场使得企业之间能够交易剩余的污染处理能力和过剩的污染排放需求，将减少污染的负担在污染者之间经济有效地分配，以此间接影响企业的环境主动性（Feng，2020；张晨，2021；Yi，2022）。本章基于庇古（1920）及该类规制工具的后续研究，重点探究了环境税费和环境补助两项市场激励型环境规制工具对企业环境战略的影响。

5.1.1 环境税费与企业环境战略

环境税费是一系列与生态环境保护相关的税收制度安排（毛恩荣，2021），其目的是通过将环境污染负外部性内化的方式引导企业将环境因素纳入生产经营决策的考虑范围，督促企业采取治污减排等环境战略措施以减少对生态环境的负面影响（Shen，2022；田利辉，2022）。自20世纪70年代以来，欧美发达国家就开始将环境问题列为关注重点并率先征收环境税。此后越来越多的国家加入了征收环境税的政策实践，在全球范围内掀起了一轮"绿色税制"改革浪潮（毛恩荣，2021）。中国环境税费制度自20世纪70年代末起大致经历了初始试行、发展完善、全面实施和环境保护费改税等四个阶段，其间以排污费征收管理制度作为主要形式运行将近40年（黄纪强，2022）。2018年1月1日《中华人民共和国环境保护税法》正式实施，以排污"费改税"的平移改革方式正式建立了环境税征收制度，标志着中国环境税费迈入新的发展阶段并逐渐走向成熟（黄纪强，2022）。

作为一项市场激励型环境规制工具，环境税费可以有效弥补命令控制型环境规制抵抗性强、公众参与型环境规制执行力弱的不足，是解决生态环境问题外部性的有效手段（于连超，2019）。根据"污染者付费"原则，环境税费与污染物浓度挂钩，对不同种类的污染物采取不同的税费率，适当的环境税费可以有效减少污染，改善生态环境（Wang，2021）。环境税费对企业环境战略的影响主要体现在成本压力、合法性压力、竞争优势动机等方面。

成本压力方面，与环境战略相关的投入具有长期性、高成本、高风险等特点（Zhu，2022），因污染所需缴纳的环境税费与进行污染控制所需的投入二者之间的成本权衡对企业是否将环境战略纳入生产经营决策具有重要影响（Li，2021；Shen，2022；田利辉，2022）。当环境税费的征收强度较低时，环境税费低于企业进行环境战略和污染控制等的投入成本，企业基于成本权衡和现金流压力会选择采取缴纳税费的方式来满足环境监管的要求（Li，

2021；Shen，2022；Du，2022；田利辉，2022）。此时环境税费所带来的影响表现为增加企业的生产经营成本，企业对环境战略方面的投资意愿将受到抑制（Du，2022）。随着环境税费的增加，其将逐渐超过进行污染控制所需投入的成本，高额的排污成本将迫使企业转向采取积极主动的环保行为以减少污染物排放，企业实施环境战略的紧迫性和积极性将显著提高（Li，2021；Shen，2022；Du，2022；田利辉，2022）。

合法性压力方面，环境合法性作为一种重要的战略资源，有助于企业从政府、供应商、顾客、债权人、公众等外部利益相关者层面得到资源与支持（于连超，2019）。由于环境税费与企业所排放的污染物有关，能够在一定程度上反映企业的环境污染状况，因此环境税费额能够作为外部利益相关者评估企业环境合法性的依据之一（于连超，2019；Wang，2021）。当所需缴纳的环境税费额较少时，外部的环境合法性压力处于较低水平，此时企业可能基于短期业绩等考虑漠视长期收益更显著的环境战略活动（李晓红，2023）。随着环境税费的增加，外部各方利益相关者对企业环境污染问题的关注度会有所提高，并引起关于企业环境合法性和经营风险的评估，外部各方在向企业提供投资、贷款、优惠政策、原材料等时将更加审慎，不利于企业持续从外部获取各种资源与支持（于连超，2019），此时，企业基于长期效益考虑会选择缓解愈加明显的环境合法性压力，即采取环境战略措施以迎合外部各利益相关者的环境要求（Li，2022；Zhu，2022）。

竞争优势动机方面，缴纳环境税费所带来的超额污染排放问题和高额的环保投资均可能对企业的竞争优势带来负面影响（Guo，2018；Tu，2020）。一方面，随着社会各界对于环境问题重视程度的提高，环境污染负面事件会为企业带来显著的消极市场反应，良好的环境绩效逐渐成为企业市场竞争优势的来源之一（Tu，2020；Zhu，2022）。例如，环境污染负面事件会影响投资者对于企业经营的风险预期（Zhu，2022）、消费者对环境责任履行良好企业的产品的购买意愿更强（Li，2022）。另一方面，污染防治等环保活动所需投入会挤占部分企业资源，为企业经营带来额外的成本负担，不利于企业的竞争优势。为避免环境问题所造成的市场竞争力的削弱，企业会对其他企业的环境污染水平和环境保护活动保持关注。姜等（Jiang et al.，2019）指出，企业的环境行为在很大程度上取决于同一行业内其他企业的环境绩效，同一行业内企业的自愿环境行为将趋于同质化。因此，当企业所需缴纳的环境税费较少时，污染排放问题对企业竞争优势的负面影响并不显著，此时企业可能会控制或削减对于环境战略的投入并将有限资源投入核心竞争力的强化上，以实现竞争优势最大化（Wang，2022）。当企业的环境税费较高时，污染问题所带来的负面市场反应逐步显现，并对企业竞争优势产生威胁，企业可能会加大环境战略方面的投入以避免对市场竞争力的削弱（Yi，2022）。

基于上述分析，当环境税费整体处于较低水平时，环境税费的增加可能对企业环境战略产生抑制作用。当环境税费强度超过某一临界点时，企业将倾向于采取积极主动的环境战略，即环境税费可能发生向促进作用的转变。李等（Li et al.，2019）、李等（2021）、叶建木和李颖（2020）、王和于（Wang & Yu，2021）等学者的研究均表明环境税费与企业环境相关问题之间存在明显的"阈值"，而非简单的线性关系。据此提出假设：

H1a：环境税费对企业环境战略具有"U"型影响关系。

5.1.2　环境补贴与企业环境战略

环境补贴是政府用于帮助企业改善环境绩效、减少环境污染的各种专项资金支持（Ren，2019；Li，2022）。作为一种市场激励型环境规制工具，环境补贴可以内化企业在节能减排等项目中产生的环境正外部性收益，成为各国政府鼓励企业参与环境保护活动的重要手段（Ren，2019；Li，2022；Shao，2022）。近年来，随着中国政府对于环境治理重视程度的提升，各有关部门为帮助企业减轻环保投资压力出台了一系列鼓励企业开展节能减排等环境实践的补贴政策，例如，"十三五"期间中央财政安排大气污染防治专项资金 272 亿元、财政部于 2020 年修订《节能减排补贴资金管理暂行办法》增加节能减排补贴资金绩效管理机制等（Shao，2022；Chen，2022）。环境补贴与其他各类政府补贴既有相似之处也存在部分差异，对于企业环境战略的影响可能体现在以下三个方面：

第一，环境补贴与其他各类政府补贴相似，作为一种外部的资金支持可以缓解企业生产经营的成本压力（Ren, 2019；Chen, 2022），在资源有限的情况下倾向于效益更高的项目而忽视对环境保护的投入（Wang, 2022；Zhu, 2022）；同时，对于短期业绩和财务风险的考虑也可能降低企业对于环保活动的积极性（Zhang, 2022）。环境补贴增加了企业可用于环境战略的财务资源，有利于调动企业对于环境战略的积极性（Ren, 2019；Chen, 2022）。

第二，环境补贴与其他各类政府补贴的差异在于其将支持重点集中于清洁生产、资源节约、污染处理等环保项目，更有可能对企业开展各类环保实践起到激励作用（Shao, 2022）。一方面，企业的环境战略具有很强的正外部性，环境补贴通常与具体的环境战略项目直接相关，可以补偿企业为采取环境战略措施而付出的额外成本（Shao, 2022；Zhang, 2022）；另一方面，政府为发挥环境补贴的最优效果会要求企业投资于清洁生产等环保项目，并对实施情况进行监督，企业为持续获得补贴支持也会积极响应监管要求开展环境战略实践并提高环境绩效（Shao, 2022）。

第三，环境补贴可能具有"认证效应"（Zhang, 2022）。环境问题是企业社会责任的一个重要维度，企业各方利益相关者对于企业环境效益和环境合法性的关注度日益增强（Chen, 2022；Zhang, 2022；Zhu, 2022）。获得环境补贴表明企业的生产经营在某些方面满足政府的环境监管要求或可持续发展要求，可以向市场和社会传递良好的信号，有助于企业获得更广泛的利益相关者认可，建立良好的企业形象和企业声誉（Ren, 2019；Chen, 2022；Zhang, 2022）。环境友好型企业能够获取更丰富的外部资源支持，有利于缓解和降低企业环境实践所面临的融资约束和各种风险（Ren, 2019；Zhang, 2022），也有利于企业获取超越行业内其他企业的竞争优势。进而在强化企业所能用于环境战略的各种资源和能力的同时提高企业进行环境战略的积极性。

张（Zhang, 2022）指出，环境补贴会对企业环境创新产生积极影响并有助于重污染企业进行环境战略革新；李等（Li et al., 2022）的研究表明，环境补贴对企业清洁生产意愿具有正向影响；任等（Ren et al., 2019）认为，环境补贴可以促进过程导向的亲环境行为来改善企业的环境战略绩效；邵等（Shao et al., 2022）指出，环境补贴在促进企业绿色转型方面发挥了积极作用；陈等（Chen et al., 2022）认为，环境补贴可以显著提高企业在履行环境责任方面的表现。综合上述分析及学者们对相关问题的研究，本章提出假设：

H1b：环境补贴对企业环境战略具有正向影响。

5.2 产权性质与行业性质的异质性分析

不同类型的企业因面临的内外部环境差异较大，环境战略实施情况参差不齐，进行环境战略的动机也不尽相同，将企业进行分类对于探究环境战略相关问题具有重要帮助（Andersen，2022）。同时，环境规制工具需与企业所在地区、行业特征等相匹配才能有效发挥作用（董景荣，2021）。因此，在探究市场激励型环境规制对企业环境战略的影响时可以从企业特征异质性角度对研究结果进行细化，即异质性研究有助于解释市场激励型环境规制对于不同类型企业的差异化效果。参考相关领域学者们的研究（Wang，2022；Zhang，2022；Zhu，2022），本章尝试从企业产权性质和行业性质两个方面探究市场激励型环境规制对企业环境战略的异质性影响。

5.2.1 产权异质性分析

根据产权性质，企业可划分为国有企业和非国有企业。国有企业与非国有企业由于在与政府的政治关联（Li，2021）和受到的环境合法性压力（Zhu，2022）方面存在明显的差异，因此在面对市场激励型环境规制时可能具有差异化表现。

第一，政府干预对于企业的环境战略和环境保护投资具有重要的影响力（Li，2021）。与政府之间的政治关联对于国有企业而言具有约束作用，国有企业的生产经营决策更倾向于满足政策导向和国家利益的要求，反映了政府对社会发展各方面的调控（Li，2021；Du，2022；Wang，2022）。随着中国政府对于环境治理重视程度的提高，国有企业的环境绩效约束更为突出，在受到环境规制作用时面临着更为严格的监管监督压力（Li，2021；Du，2022）。第二，国有企业在国民经济发展中发挥着至关重要的作用。相比非国有企业，社会公众对国有企业形象和声誉的关注度更高，对其履行环境责任有着更高的期望（Li，2021；Zhu，2022）。而非国有企业面临的各种环境压力相对较为宽松，通常更多关注市场竞争及经济绩效，缺乏履行环境责任的内在动力（Wang，2022；于连超，2022）。

李等（Li et al.，2021）的研究表明，环境税费减少企业空气污染的作用在非国有企业中显著，在国有企业中不显著；陈等（Chen et al.，2022）指出，环境补贴在提高非国有企业的环境绩效方面比国有企业具有更强的激励作用；程等（Cheng et al.，2022）指出，国有企业受到环境保护税收政策的影响改变了环境保护投资，而非国有企业未受到环境税的显著影响；邵和陈（Shao & Chen，2022）的研究结果表明环境补贴对非国有企业的绿色转型具有正向影响，对国有企业无显著影响；张等（Zhang et al.，2022）的研究表明，环境税对非国有企业的绿色技术创新具有显著影响，对国有企业无显著影响。据此提出假设：

H2：市场激励型环境规制对于国有企业和非国有企业的环境战略具有异质性影响。

H2a：环境税费对于国有企业和非国有企业的环境战略具有异质性影响。

H2b：环境补助对于国有企业和非国有企业的环境战略具有异质性影响。

5.2.2　地区异质性分析

环境规制对企业环保活动的影响与企业所在行业密切相关（Jiang，2019）。本章根据环保部2008年发布的《上市公司环保核查行业分类管理名录》将行业性质划分为重污染行业和非重污染行业，其中重污染主要包括火电、钢铁、水泥等在内的14个行业。由于重污染企业与非重污染企业在环境战略驱动力、对于经济发展的重要性等方面存在差异，因此市场激励型环境规制对于两类企业的作用效果可能不同。

第一，重污染企业对生态环境的污染较为严重，所面临的环境合法性压力较大，实施环境战略的主要驱动力来自外部利益相关者的环境合法性预期（Jiang，2019）。而非重污染企业受到的环境合法性压力相对较小，环境战略可能更多地受到战略导向、环境责任意识等企业内部因素的驱动（Jiang，2019）。第二，与非重污染企业相比，重污染企业通常具有规模大、生产率高等特点，在社会经济体系中占据着重要位置，对于带动其他企业发展、促进经济增长具有重要贡献，在相当长时期内是推动地方经济发展的支柱性产业，因此各级政府为了实现经济发展目标在应用市场激励型环境规制时，可能存在对重污染企业的监管力度和约束力度不足的情况（Jiang，2019；于连超，2021）。

张（Zhang，2022）的研究表明，政府补贴在促进重污染企业和非重污染企业进行环保创新活动方面具有异质性作用；于连超等（2021）指出，相比于非重污染企业，环境保护费改税对重污染企业的影响更明显；陈等（Chen et al.，2022）证明了不同污染属性的企业在环境补贴作用下表现出不同的环境责任绩效。综合上述分析，本章提出假设：

H3：市场激励型环境规制对于重污染企业和非重污染企业的环境战略具有异质性影响。

H3a：环境税费对于重污染企业和非重污染企业的环境战略具有异质性影响。

H3b：环境补助对于重污染企业和非重污染企业的环境战略具有异质性影响。

5.3 调节效应研究假设

由于企业的环境战略受到多种内外部因素的共同影响，环境规制有时难以实现预期效果，例如企业存在"漂绿"行为，即仅开展象征性环保活动而未采取实质性环境战略举措（Jiang，2019；宋锋华，2022；姚琼，2022）。调节变量的加入有利于探索何种因素会对市场激励型环境规制的实际效果产生影响，也为企业进行科学合理的环境战略决策提供参考。

利益相关者理论认为，企业的利益相关者既包括外部的政府、社会公众、债权人等，也包括企业内部的股东、管理层和员工等，企业在进行生产经营决策时受到内外部各利益相关者的影响（Saleem，2020）。市场激励型环境规制作为环境规制的一种类型，反映了政府对企业环境问题的关注。除此之外，社会公众及企业内部的股东、管理层等利益相关者的诉求也与企业环境战略实践的开展密切相关。来自社会公众的外部监督和企业内部的监督可能会影响企业在面临市场激励型环境规制时所采取的应对措施。参考 Lin 等（2022）的研究，本章以媒体关注度代表企业所受到的社会公众外部监督强度、以内部控制质量来代表企业内部监督强度，重点关注二者在市场激励型环境规制对企业环境战略影响关系中的调节效应。

5.3.1　媒体关注度

媒体关注度衡量了企业所受到的媒体的关注程度（贾兴平，2016）。作为企业与公众之间信息传递的桥梁，媒体不仅是企业发布各类信息的重要平台，也是社会公众获取各类信息和表达诉求的重要渠道（陶文杰，2012）。媒体的报道使企业受到更多的公众关注，被视为一种外部监督机制。这种来自社会公众的外部监督可以作为政府监管的有效补充，能够对各类规制的执行效率和效果产生影响（Dyck，2002；王欣媛，2020）。媒体关注在提高企业信息透明度、调节企业合法性压力等方面的作用可能对企业如何进行环境战略以应对市场激励型环境规制产生影响。

一方面，媒体的充分关注会提高企业信息的透明度，企业的环境保护等积极事件和环境污染等负面事件将改变投资者和债权人对企业的风险评估，进而影响企业的融资成本和融资难度（刘常建，2019），缓解或加剧市场激励型环境规制对企业生产经营造成的成本压力；另一方面，媒体关注具有解决信息不对称和表达公众诉求的双重责任，这种双重责任使其不仅成为公司获得合法性的手段，也成为公司合法性的潜在危机来源（陶文杰，2012；贾兴平，2016；Lin，2022）。媒体对于环境问题的关注可以使社会公众更加充分地了解企业在环境方面的表现，环境表现良好的企业可以借此获得公众的青睐并提高企业形象和声誉，而环境表现较差的企业则可能面临更为严重的环境合法性压力（贾兴平，2016；王欣媛，2020）。环境合法性所带来的各种资源与支持能够缓解环境规制压力并增强企业开展各类环境实践的能力（于连超，2019），因此企业有动机进行积极的环境实践并通过媒体的关注曝光获取超过行业内其他企业的竞争优势，即媒体关注可能影响企业在面临市场激励型环境规制时进行环境战略的积极性。

H4：媒体关注度在市场激励型环境规制对企业环境战略的影响中具有调节作用。

H4a：媒体关注度在环境税费对企业环境战略的影响中具有调节作用。

H4b：媒体关注度在环境补贴对企业环境战略的影响中具有调节作用。

5.3.2　内部控制质量

内部控制是指企业实施内部监管的组织、计划、程序和方法等，其目的是保证既定管理目标的实现，包括信息、风险、监督等要素（于连超，2021）。内部控制是公司内部治理的重要组成部分，有助于战略决策的有效实施。在面临环境规制时，良好的内部控制可能在管理决策监督、内部资源配置、风险管理和信息沟通等方面为企业提供有效应对监管压力的优势。

管理决策监督方面，企业股东和管理层之间存在利益冲突和信息不对称的情况，环保活动长期可以通过改善企业形象声誉等方式来增加企业价值（Tu，2020），但相关投入对企业生产经营资源的挤占可能不利于短期业绩的提升。因此管理层可能基于短期业绩压力和自身利益漠视对于环保活动的投入，同时也存在将外部对企业环保活动的支持用于其他项目的动机（Zhang，

2022；Wang，2022）。内部控制可以对管理层进行有效监督，遏制漠视环境问题的不良倾向（贾兴平，2016）。内部资源配置方面，良好的内部控制可以通过更合理的资源配置来降低环境规制对企业成本的影响，例如通过逐步有序的环境战略实践来平衡长期可持续发展与短期成本压力（Lin，2022）。风险管理方面，良好的内部控制可以有效识别企业生产经营中的重大风险并迅速采取应对措施，对于企业环境问题的风险管控能够降低企业陷入重大环境污染事件的概率，也可以控制环境战略过程中的不确定性，提高各类环境战略实践的有效性（贾兴平，2016；Lin，2022），进而缓解环境监管压力对企业生产经营的影响。信息沟通方面，企业在应对环境规制、公众监督等带来的环境合法性压力时通常会披露环境战略的相关信息（Wu，2022）。健全的内部控制可以对相关信息的披露质量和披露效率产生影响，抑制企业环境信息"漂绿"行为的发生，使得外部利益相关者获得企业环保行为的有效信息（路正南，2022），进而影响关于企业环境合法性的评估。

林等（Lin et al.，2022）在其研究中指出，企业的内部控制质量可以调节环境规制与绿色技术创新之间的关系。据此提出假设：

H5：内部控制质量在市场激励型环境规制对企业环境战略的影响中具有调节作用。

H5a：内部控制质量在环境税费对企业环境战略的影响中具有调节作用。

H5b：内部控制质量在环境补贴对企业环境战略的影响中具有调节作用。

5.4　研究设计

5.4.1　样本选择与数据来源

本章选取了 2015～2020 年中国 A 股制造业上市公司作为研究样本。原因如下：（1）2015～2020 年为中国"十三五"规划时期。国务院发布的《"十三五"生态环境保护规划》中强调了生态环境对于国家建设和社会发展的重要意义，提出了多项生态环境保护的约束性指标和预期性指标。至 2020 年，九项生态环境约束性指标及污染防治攻坚战阶段性目标已全面超额完成，生态环境明显改善。"十三五"期间，国家陆续出台多项与环境保护和生态文明建设有关的举措，例如中央环保督察制度的确立和《环境保护税法》的落地实施，这些政策法规标志着生态文明建设的制度化和法制化水平明显提高，国家对于生态环境问题的监管力度进一步加强。因此，本章以 2015～2020 年为研究区间。（2）作为实体经济的主体，制造业的高质量发展与经济发展、社会稳定和生态文明建设等密切相关（余子鹏，2020）。然而，传统高能耗、高污染、高排放的粗放式发展模式使得制造业的高质量发展面临着严重的环境挑战（杨岚，2022）。"中国制造 2025"强调了生态环境问题对于制造业高质量发展的重要性并将全面实施绿色制造列为关键任务，要求加强节能环保技术、工艺和设备的推广应用。在绿色发展进程中，环境规制对改善制造业环境污染困境的作用值得深入探究。基于此，本章选择制造业作为研究对象，企业分类参考 2012 年证监会发布的《上市公司行业分类指引》。为了保证研究企业数据的连续性和可靠性，本章对初始样本作了如下筛选：①剔除了 2015 年及之后上市的公司；②剔除了 ST、ST* 公司；③剔除了 2015 年之后退市的公司。

市场激励型环境规制的数据主要来源于国泰安金融数据库（CSMAR），并通过和讯网、巨潮资讯网等对缺失数据进行查找补充。企业环境战略的数据中涉及环境管理体系的数据来自国家认证认可监督管理委员会，涉及环境专利申请的数据参考了万方专利数据库和国家知识产权官网，涉及环境信息披露的数据则手工检索于企业年报、社会责任报告和环境报告中，涉及环境资本支出的数据主要来自国泰安金融数据库（CSMAR）。企业媒体关注度数据主要来自中国研究数据服务平台（CNRDS）并对缺失数据进行手工查找补充，内部控制质量的数据来自迪博（DIB）内部控制与风险管理数据库。在剔除部分数据严重缺失的企业后，最终获得了 911 个企业样本，共 5 466 个观测值。

5.4.2 变量测量

（1）解释变量

本章的自变量为市场激励型环境规制，包括企业所缴纳的环境税费以及收到的环境补贴。

①环境税费。

环境税费通过将环境污染负外部性内化的方式督促企业采取治污减排等环境战略措施以减少对生态环境的负面影响（田利辉，2022）。我国环境税费制度自 20 世纪 70 年代起历经多个发展阶段（毛恩荣，2021），本章所选研究时期跨排污"费改税"改革前后两个阶段。2018 年 1 月 1 日《中华人民共和国环境保护税法》正式实施，标志着实行将近 40 年的排污费征收管理制度结束（毛恩荣，2021）。新环保税法主要规定将大气污染物、水污染物、固定废物和噪声四类应税污染物的收费方式由排污费调整为环境保护税（余子鹏，2020）。同原排污费相比，环境税主要在法律效力、征收主体、减排优惠和收入层级等方面存在差异，但从总体上看，从排污收费到环境收税为平移改革方式，具有"整体平移"特征（余子鹏，2020）。因此在 2018 年前后，环境税费分别体现为企业缴纳的排污费及环境税。参考李等（2022）和毕茜等（2019）的研究，本章环境税费数据取自 CSMAR 数据库制造业上市公司年报财务报表附注中"管理费用"和"营业税金及附加"明细，通过手工筛选得出企业所缴纳环境税费金额并取对数进行标准化处理。

②环境补贴。

环境补贴是企业收到的用于改善环境绩效、减少环境污染的各种政府专项资金支持，主要集中于节能减排、污染防治、资源节约、环保产品、环境修复与生态保护等项目（Guo，2018；Shao，2022）。随着中国政府对环境治理重视程度的提升，各有关部门为帮助企业减轻环保投资压力，出台了一系列环境补贴政策（Shao，2022）。参考邵和陈（2022）、陈等（2022）、邵

（2022）的研究，本章在 CSMAR 数据库中选取企业年报财务报表附注中的"政府补助"明细，以"环保、清洁、节能、减排、绿色、污染防治、环境治理、净化、排污、能耗"等关键词手动筛选与环境相关的政府补助明细项目。加总得到企业所收环境补助金额并取对数进行标准化处理，作为本章环境补助的衡量指标。

（2）被解释变量

本章因变量为企业环境战略。企业环境战略涵盖多种环境实践规划和实施的过程，刘（Liu，2010）指出多项环境实践的开展情况可以反映企业的环境战略水平。许多学者的研究支持了这一观点，例如，宋等（Song et al.，2015）指出，可以从污染排放控制、环境友好产品生产、污染物回收、环境信息披露等方面对企业环境战略进行评价；王等（Wang et al.，2018）通过资源节约、清洁生产技术的应用、环保产品设计衡量企业环境战略；卡亚尔等（Kalyar et al.，2019）将环境管理体系认证、产品生命周期分析和环保设计纳入企业环境战略评价范围。

波特里齐等（Potrich et al.，2019）在其综述研究中对通过环境实践情况衡量企业环境战略的方式进行了归纳，认为能够反映企业环境战略情况的环境实践分为组织型实践、营运型实践和沟通型实践。其中，组织型实践建立了以协调和系统的方式减少环境危害的必要机制，包括环境政策的定义、程序的制定、结果的检测评估等；营运型实践涉及产品生产经营过程中的环保活动，如污染防治、清洁生产和环保产品研发等；沟通型实践则旨在向利益相关者披露与企业环境战略有关的信息。本章参考波特里齐等（2019）、阮（Nguyen，2022）等学者的研究，沿用该分类方式并选择具有代表性的实践指标综合反映企业的环境战略状况。环境管理体系涵盖企业内部的环境规章制度、管理方案、管理流程等（Nguyen，2022；陈正，2022），与组织型实践的内容相契合；环境技术创新和环境资本支出能够反映企业在污染防治和环保产品研发等营运型实践方面的努力（Nguyen，2022；Wang，2022；李世辉，2022）；环境信息披露则能够代表沟通型的环境实践（Potrich，2019）。各项实践指标具体安排如下。

①环境管理体系。

企业环境管理体系是在企业内部建立的用于管理环境事务的管理系统，使企业符合环境保护法律法规方面的要求，通常由规章制度、管理方案、管理流程等予以确定（陈正，2022）。对于企业环境管理体系的认证有多种形式，例如 ISO14001 环境战略认证、环境审计计划、国际森林认证以及各种环保产品标签都被广泛使用，其中 ISO14001 是最受公众认可的环境管理体系（Jiang，2019）。国际标准化组织于 1996 年颁布并实施了 ISO14001 标准，作为改善企业或其他组织环境绩效的新方法，它描述了有效企业环境战略实践的基本要素，包括企业环境目标设定、环境计划实施、有效监测手段、问题纠正和系统评估。ISO14001 认证过程非常烦琐，该标准化管理体系可以充分反映企业的环境意识（Graafland，2018）。参考杜拉多等（Dorado et al.，2021）的研究，若企业实施 ISO14001 标准并获得认证，则在环境管理体系指标得分为 1，否则为 0。

②环境技术创新。

随着环境意识的提高，环境创新越来越被企业视为一项社会责任。龙（Long，2017）指出，大多数中国企业的环境创新能力较低，在处理环境污染时更依赖于"末端"减排。环境创新是环境经济学、创新经济学和创新管理等研究领域的核心话题，其目的是通过新的或改进的工艺、技术、系统和产品来避免或减少对环境的损害，可以从源头上解决环境污染问题（Duan，2021）。其中，技术创新是环境创新的核心，当前仍然有许多企业基于成本增加等原因没有在技术创新时考虑环境保护因素（Tsai，2017）。环境技术创新反映了企业在遏制或减弱现有的环境污染、提高资源利用率、研发环保产品等方面的积极实践，被认为是实现环境目标的经济高效方式。本章参考段等（Duan et al.，2021）的方式，使用环境专利申请来衡量环境技术创新。若企业当年有与环境相关的专利申请，则在环境技术创新指标得分为 1，否则为 0。

③环境资本支出。

环境资本支出是一种前端性污染防治措施，通常指企业更新改造污染防治设备、建造购置环保固定资产等资本性支出活动（毕茜，2019；李世辉，2022）。与费用性环境支出不同，资本性环境支出作为更依赖于管理者决策的主动投资行为，是企业积极履行环境责任、提高环境绩效的重要表现，反映了企业主动加强环境战略的意愿及付出的努力（李世辉，2022）。本章参考何等（He et al.，2022）、李世辉和程宸（2022）的方法，在企业年报附注的在建工程科目明细中刷选出与环境保护、污染防治等相关的支出项目。若企业当年存在环境资本支出项目，则该指标得分为1，否则为0。

④环境信息披露。

环境信息披露是企业对其环境战略情况及环境绩效的自愿公开披露（Jiang，2019）。信号理论认为，企业积极披露其环境信息，以区别于环境绩效差的企业。根据组织合法性理论，企业主动披露环境信息的目的是迎合企业内部和外部利益集团的合法性要求，提高公众对其环境绩效的认识（Chen，2019）。与上述两种理论不同，学者科恩和桑扎库马（Cohen & Santhakumar，2007）指出，企业参与环境信息披露的目的不仅是向公众披露公司的环境绩效，同时也是对公司自身的环境行为进行监管和监督。本章借鉴姜（Jiang，2019）的方法，若企业在年报、CSR报告、环境报告中披露环境信息，则在该指标得分为1，否则为0。

各项环境实践的相对重要性难以量化，可以认为各项实践对企业环境战略水平的贡献相等（Liu，2010）。本章参考哈特曼和瓦尚（Hartmann & Vachon，2018）、梁和梁（Liang & Liang，2017）、任等（2019）等学者的方式，为各项实践构建0~1指标，并将各项实践指标的得分加总作为企业环境战略水平总得分。该测度方式下企业得分范围为0~4，得分越高，表明企业环境战略水平越高，见表5.1。

表5.1　　　　　　　　　　　企业环境战略水平测度

实践指标	测量方法
环境管理体系	若企业实施ISO14001标准并获得认证，得分为1，否则为0
环境技术创新	若企业有与环境相关的技术专利申请，得分为1，否则为0

续表

实践指标	测量方法
环境资本支出	若企业存在与环保相关的资本支出项目，得分为 1，否则为 0
环境信息披露	若企业在年报、CSR 报告等披露环境信息，得分为 1，否则为 0

（3）调节变量

本章基于利益相关者理论，重点关注了媒体关注度所代表的公众外部监督及内部控制质量所代表的企业内部监督在市场激励型环境规制对企业环境战略影响关系中的调节效应。

①媒体关注度。

媒体关注度衡量了企业所受到的媒体的关注程度。媒体关注所代表的来自社会公众的外部监督可以作为政府监管的有效补充并对各类规制的执行效率和效果产生影响。其在提高企业信息透明度、调节企业合法性压力等方面的作用可能对企业在面临市场激励型环境规制时如何进行环境战略产生影响。报纸媒体能够及时、准确地反映出公众的关注重点，报纸媒体的报道量常被用于表示企业所受的媒体关注度情况（王欣媛，2020；Chen，2022；Lin，2022）。参考陈等（2022）、程等（2022）、潘等（2022）等学者的研究，本章在中国研究数据服务平台（CNRDS）中搜取主流报纸媒体对于样本企业的年度报道量，并将报道量进行对数标准化作为衡量样本企业媒体关注度的指标，该指标数值越大，企业所受媒体关注度越高。

②内部控制质量。

内部控制是指企业实施内部监管的组织、计划、程序和方法等，其目的是保证既定管理目标的实现，包括信息、风险、监督等要素。企业内部控制质量的高低对于管理决策监督、内部资源配置、风险管理和信息沟通等具有重要影响，可能在企业进行积极的环境战略以应对市场激励型环境规制时发挥重要作用。参考林等（2022）、路正南和殷明星（2022）等学者的研究，以迪博（DIB）内部控制与风险管理数据库中的内部控制指数来衡量企业的内部控制质量，该指数已获得学术界和政府部门的广泛采用。本章对 DIB 内部控制指数进行标准化处理，数值越高，企业的内部控制质量越高。

（4）控制变量

综合学者们的研究，本章选取了企业规模、盈利能力、企业偿债能力、股权集中度、企业成长性、产权性质、污染性质作为本章的控制变量。

①企业规模。规模较大的企业面临着更多来自政府、公众等的监督，这种来自利益相关者的压力会促使企业采取环保行动以提高其环境绩效和企业声誉。同时，与小企业相比，大企业拥有更多的资源和能力进行环保实践。因此规模较大的企业可能会拥有更高的环境战略水平。本章对企业期末总资产的对数来衡量企业规模。

②盈利能力。盈利能力的强弱可能会影响企业的经营决策，盈利能力较强的企业面临的成本压力较小，可以将更多资金投入环境创新等活动中（RÍO P Del，2009）。在面临环境风险时，为了实现其经济效益和环境效益的可持续发展并保持高盈利水平，此类企业可能在进行环保创新、环境支出等方面具有更高的积极性。本章以净资产收益率作为企业盈利能力的衡量指标（Liang，2017）。

③股权集中度。股权集中对于公司治理具有积极作用，股权越集中，大股东越有动力参与改善公司管理，有利于公司治理能力的加强（黄迎，2016）。因此，股权集中度较高的企业可能拥有更高的治理水平，包括环境治理水平。参考罗恩益（2020）的方式，本章以第一大股东持股比例反映企业的股权集中度，该比例越高表明企业股权越集中。

④企业成长性。企业财务资源和管理能力可能会响应企业对于社会责任方面的投资，成长性即为管理能力指标之一，代表了企业的可持续发展能力和全要素综合生产力（Lee，2020）。具有高成长性的企业具有更丰富财力和技术资源为环境实践提供相关支持，同时该类企业往往将环境战略纳入企业成长的重要方面，通过实施环境战略向外界传递关于企业可持续发展和成长潜力的信息（王丽萍，2021）。参考李等（Lee et al.，2020）的方式，本章以营业收入增长率来衡量企业成长性。

⑤偿债能力。在偿债能力的各项指标中，现金比率不仅反映了企业与短

期债务清偿有关的财务风险，也代表着可供企业自由支配的现金丰富度。现金比率较高的企业偿债能力较强，所面临的财务风险较小，在进行环境战略等经营活动时能够承受较强的风险（Inaba，2021）。同时，现金是企业能够直接用于环保设备运营和环保技术研发等各种环境实践投入的关键资源，现金比率可能是企业在进行与环境战略有关决策时考虑的因素之一。本章以现金比率来对企业偿债能力进行测度。

本章研究变量汇总见表 5.2。

表 5.2　　　　　　　　　　　　　　研究变量汇总

变量类型	变量名称	变量符号	测量方法
自变量	环境税费	$ETax$	经过标准化处理的环境税费金额
	环境补助	$ESub$	经过标准化处理的环境补助金额
因变量	企业环境战略水平	EML	四项 0~1 维度得分加总，取值为 0~4 范围的整数。具体包括是否实施并通过 ISO14001 认证、是否申请环境专利、是否存在环境资本支出项目、是否披露环境信息
调节变量	媒体关注度	Mad	经过标准化处理的网络媒体和报纸媒体的报道量
	内部控制质量	Icq	经过标准化处理的 DIB 内部控制指数
控制变量	企业规模	$Size$	企业期末总资产的对数
	盈利能力	Roe	净资产收益率 = 净利润/[（本年期初净资产 + 本年期末净资产）/2]
	股权集中度	$Cent$	第一大股东持股比例
	企业成长性	$Growth$	营业收入增长率 = 本年营业收入/上年营业收入 − 1
	偿债能力	Sol	现金比率 = 货币资金/流动负债

资料来源：本书整理。

5.4.3　U 型关系及其调节效应的检验方式

本章的主效应假设中环境税费对企业环境战略的影响关系涉及 U 型关系的检验，同时媒体关注度、内部控制质量在环境税费对企业环境战略的影响关系中具有调节效应的假设涉及 U 型关系中调节效应的检验。本章采用下列方法对相关假设进行验证。

（1）U 型关系检验

因变量 Y 先随自变量 X 的递增而递减到最小值，之后随着 X 的继续递增而递增，则存在 U 型关系，U 型曲线到达最小值的点被称为拐点。关于实证研究中 U 型关系的检验，学者汉斯（Haans，2016）通过梳理相关文献进行了总结，提出了三步检验法。其基本模型如公式（5.1）所示：

$$Y = \beta_0 + \beta_1 X + \beta_2 X^2 \qquad (5.1)$$

第一步，β_2 正向显著是 U 型关系成立的必要条件。

第二步，在自变量 X 取值范围的两端曲线斜率 $\beta_1 + 2\beta_2 X$ 应满足以下条件：在左端点斜率应为负，在右端点斜率应为正。若两端点斜率不满足上述条件则 Y 与 X 之间可能为对数或指数函数关系。

第三步，判断 U 型曲线的拐点是否落在自变量 X 的取值范围之内，拐点通常由 $-\beta_1/2\beta_2$ 计算得出，若拐点未落在 X 取值范围之内则曲线可能仅是 U 型的一半。

若实证结果满足三步骤要求，则可以合理确定 Y 与 X 之间存在 U 型关系。

（2）U 型关系中调节效应的检验

对于 U 型关系中调节效应的检验方式，国内外学者尚未达成一致。汉斯（2016）指出，U 型关系中调节效应的检验应当主要关注两个问题：一是调节变量的加入是否造成 U 型曲线拐点的移动以及移动方向；二是加入调节变量之后 U 型曲线的陡峭程度是否会发生改变。U 型关系调节效应的检验可通过在主效应模型中加入调节变量、调节变量与自变量的交互项、调节变量与自变量平方的交互项来实现，基本模型如公式（5.2）所示：

$$Y = \beta_0 + \beta_1 X + \beta_2 X^2 + \beta_3 XZ + \beta_4 X^2 Z + \beta_5 Z \qquad (5.2)$$

其中，X、Y、Z 分别代表解释变量、被解释变量和调节变量。

U 型拐点随调节变量 Z 的变动情况取决于 β_1、β_2、β_3、β_4 的取值，若 $\beta_1\beta_4 - \beta_2\beta_3 > 0$，则随着调节变量 Z 的增加拐点 X^* 将向右移动，表现在图像中

即调节变量值较大时 U 型曲线的拐点较调节变量值较小时 U 型曲线的拐点更偏右。反之，若 $\beta_1\beta_4 - \beta_2\beta_3 < 0$，则随着调节变量 Z 的增加拐点 X^* 将向左移动。表现在图像中即调节变量值较大时 U 型曲线的拐点较调节变量值较小时 U 型曲线的拐点更偏左。

在确定加入调节变量后 U 型曲线陡峭程度如何变化时所用基本模型与拐点分析时一致，仍为公式（5.2）。在公式中，曲线陡峭程度的变化由系数 β_4 的取值决定。当 $\beta_4 < 0$ 时，U 型将变得更加平缓，即调节变量同时抑制了拐点左边 X 对 Y 的负向影响和拐点右边 X 对 Y 的正向影响。当 $\beta_4 > 0$ 时，U 型曲线将变得更加陡峭，即调节变量同时促进了 X 对 Y 的负向影响和拐点右边 X 对 Y 的正向影响。

5.4.4　模型构建

本章所选用的数据样本为中国制造业上市公司 2015 ~ 2020 年的面板数据，面板数据能够将来自时间序列维度的信息与来自横截面的信息进行合并，在提高研究效率和研究结果可靠性等方面具有一定优势（Blomquist，2013）。参考宋等（Song et al.，2020）的方式，本章构建如下计量模型以验证各项研究假设。为分析市场激励型环境规制对企业环境战略的影响关系，构建计量模型 1 和模型 2。

计量模型 1 为环境税费与企业环境战略的回归模型，用于检验假设 H1a：

$$EML_{i,t} = \beta_0 + \beta_1 ETax_{i,t} + \beta_2 ETax_{i,t}^2 + \beta_3 Size_{i,t} + \beta_4 Roe_{i,t} + \beta_5 Cent_{i,t}$$
$$+ \beta_6 Growth_{i,t} + \beta_7 Roid_{i,t} + \varepsilon$$

其中，$EML_{i,t}$ 表示企业 i 第 t 年的环境战略水平，$ETax_{i,t}$ 和 $ETax_{i,t}^2$ 表示企业 i 第 t 年缴纳的环境税费及其平方项，$Size_{i,t}$ 等为控制变量。β_0 为截距项，β_i（i 取值为 1 ~ 7）为回归系数项，ε 表示残差。

计量模型 2 为环境补贴与企业环境战略的回归模型，用于检验假设 H1b：

$$EML_{i,t} = \beta_0 + \beta_1 ESub_{i,t} + \beta_2 Size_{i,t} + \beta_3 Roe_{i,t} + \beta_4 Cent_{i,t}$$
$$+ \beta_5 Growth_{i,t} + \beta_6 Roid_{i,t} + \varepsilon$$

其中，$ESub_{i,t}$ 表示企业 i 第 t 年收到的环境补助，被解释变量、控制变量与模型 1 相同。β_0 为截距项，β_i（i 取值为 1 ~ 6）为回归系数项，ε 表示残差。

在基于企业特征异质性分析市场激励型环境规制对企业环境战略的影响时，本章根据产权异质性和行业异质性将企业样本划分为不同的子样本用于检验假设 H2（包括 H2a 和 H2b）和 H3（包括 H3a 和 H3b），所用基本计量模型仍为模型 1 和模型 2。

为了分析媒体关注度在市场激励型环境规制对企业环境战略影响中的调节效应，构建计量模型 3 与计量模型 4。其中计量模型 3 在主效应中同时加入媒体关注度、媒体关注度与环境税费的交互项、媒体关注度与环境税费平方的交互项来对假设 H4a 进行检验；计量模型 4 中加入与环境补贴的交互项，用于检验假设 H4b：

计量模型 3：

$$EML_{i,t} = \beta_0 + \beta_1 ETax_{i,t} + \beta_2 ETax_{i,t}^2 + \beta_3 ETax_{i,t} \times Mad_{i,t} + \beta_4 ETax_{i,t}^2 \times Mad_{i,t}$$
$$+ \beta_5 Mad_{i,t} + \beta_6 Size_{i,t} + \beta_7 Roe_{i,t} + \beta_8 Cent_{i,t} + \beta_9 Growth_{i,t} + \beta_{10} Roid_{i,t} + \varepsilon$$

其中，$Mad_{i,t}$ 表示企业 i 第 t 年的媒体关注度，解释变量环境税费 $ETax_{i,t}$、被解释变量 $EML_{i,t}$、控制变量与计量模型 1 相同。β_0 为截距项，β_i（i 取值为 1 ~ 10）为回归系数项，ε 表示残差。

计量模型 4：

$$EML_{i,t} = \beta_0 + \beta_1 ESub_{i,t} + \beta_2 ESub_{i,t} \times Mad_{i,t} + \beta_3 Mad_{i,t} + \beta_4 Size_{i,t}$$
$$+ \beta_5 Roe_{i,t} + \beta_6 Cent_{i,t} + \beta_7 Growth_{i,t} + \beta_8 Roid_{i,t} + \varepsilon$$

其中，$Mad_{i,t}$ 表示企业 i 第 t 年的内部控制质量，解释变量环境补贴 $ESub_{i,t}$、被解释变量 $EML_{i,t}$、控制变量与计量模型 2 相同。β_0 为截距项，β_i（i 取值为 1 ~ 7）为回归系数项，ε 表示残差。

为了分析内部控制质量在市场激励型环境规制对企业环境战略影响中的调节效应，本章构建计量模型 5 与计量模型 6。其中计量模型 5 在主效应中同时加入内部控制质量、内部控制质量与环境税费的交互项、内部控制质量与环境税费平方的交互项来对假设 H5a 进行检验；计量模型 6 中加入与环境补贴的交互项，用于检验假设 H5b：

计量模型 5：

$$EML_{i,t} = \beta_0 + \beta_1 ETax_{i,t} + \beta_2 ETax_{i,t}^2 + \beta_3 ETax_{i,t} \times Icq_{i,t} + \beta_4 ETax_{i,t}^2 \times Icq_{i,t} + \beta_5 Icq_{i,t}$$
$$+ \beta_6 Size_{i,t} + \beta_7 Roe_{i,t} + \beta_8 Cent_{i,t} + \beta_9 Growth_{i,t} + \beta_{10} Roid_{i,t} + \varepsilon$$

其中，$Icq_{i,t}$ 表示企业 i 第 t 年的内部控制质量，其余各项与计量模型 3 一致。

计量模型 6：

$$EML_{i,t} = \beta_0 + \beta_1 ESub_{i,t} + \beta_2 ESub_{i,t} \times Icq_{i,t} + \beta_3 Icq_{i,t} + \beta_4 Size_{i,t}$$
$$+ \beta_5 Roe_{i,t} + \beta_6 Cent_{i,t} + \beta_7 Growth_{i,t} + \beta_8 Roid_{i,t} + \varepsilon$$

其中，$Icq_{i,t}$ 表示企业 i 第 t 年的内部控制质量，其余各项与计量模型 4 一致。

5.5　假设检验与结果分析

5.5.1　模型检验

（1）描述性分析

本章所选用的数据样本为中国制造业上市公司 2015～2020 年的面板数据。为了平衡各变量的数量级，防止异方差问题的影响，本章对一些数值较大的解释变量、调节变量和控制变量进行了标准化处理。在假设检验之前，本章对各变量的基本特征进行了描述性统计分析，见表 5.3。

表 5.3　　　　　　　　　　描述性统计分析

变量	最小值	最大值	均值	标准差
Etax	0	2.105213	0.421434	0.652163
Esub	0	2.112757	0.391015	0.640224
EML	0	4	2.108522	0.921195
Mad	0	3.41581	0.916291	0.586260
Icq	0	2.97419	2.761473	0.364346

续表

变量	最小值	最大值	均值	标准差
Size	2.077831	2.990878	2.430791	0.126625
Roe	−2.401438	2.378936	0.058504	0.152148
Cent	0.028657	0.890930	0.313024	0.138614
Growth	−0.913248	58.84163	0.196589	1.180119
Cash	0.002354	17.29419	0.658871	0.975818

资料来源：Stata 分析整理。

从表 5.1 可以看出，环境税费均值为 0.421434，标准差为 0.652163；环境补助均值为 0.391015，标准差为 0.640224，二者均值小于标准差，表明不同企业所缴纳的环境税费和收到的环境补贴之间存在较大差异，且环境税费的均值较环境补助的均值偏高，从整体上反映出企业环境税费的缴纳水平略高于环境补助的接收水平。企业环境战略得分的均值为 2.108522，标准差为 0.921195，企业得分集中于 1～3，表明大部分企业的环境战略处于中等水平，有待进一步提升。媒体关注度的均值为 0.916291，标准差为 0.586260，表明媒体关注度差异较小。内部控制质量的均值为 2.761473，标准差为 0.364346，表明企业之间的内部控制质量差异较小。在控制变量中，各企业间存在较大差异性的变量为盈利能力、企业成长性和偿债能力，而企业规模、股权集中度差异较小。

（2）相关性分析

主要研究变量的相关性数据研究统计见表 5.4，相关性分析的目的是对变量之间是否存在依存关系作出初步判断。考虑到变量之间可能存在着多重共线性问题，所以本章对所有的自变量和控制变量进行了 Spearman 相关性检验分析。由于本章选用的变量之间不一定呈现正态分布且因变量是有序分类变量，因此选用对原始变量不作要求，适用范围广泛的 Spearman 相关性分析方法。相关性系数的绝对值越大，说明各变量之间相关性越强。相关性数据结果显示，绝大部分变量之间都存在显著的相关性，且大多数相关系数的绝对值均在 0.8 以下，基本可以排除存在严重多重共线性问题。

表 5.4

相关性分析

变量	EML	Etax	Esub	Mad	Icq	Size	Roe	Cent	Growth	Roid
EML	1.000									
Etax	0.027	1.000								
Esub	0.070***	0.147***	1.000							
Mad	0.200***	0.073***	0.031*	1.000						
Icq	0.050***	−0.019	0.018	0.077***	1.000					
Size	0.357***	0.169***	0.094***	0.481***	0.060***	1.000				
Roe	0.112***	0.029*	0.035*	0.135***	0.279***	0.148***	1.000			
Cent	0.011	0.057***	0.026	0.142***	0.069***	0.188***	0.131***	1.000		
Growth	−0.032*	0.005	0.007	−0.011	0.039**	0.050***	0.085***	0.036*	1.000	
Cash	−0.098	−0.078***	−0.054***	−0.087***	0.034*	0.221***	0.072***	0.013	−0.024	1.000

注：*** $P < 1\%$，** $P < 5\%$，* $P < 10\%$。
资料来源：Stata 分析整理。

（3）回归分析

在描述性统计分析和相关性分析的基础上，本章运用 Stata 17 软件对面板数据进行回归分析以验证研究假设。首先，对市场激励型环境规制（环境税费与环境补贴）与企业环境战略之间的影响关系进行回归分析，以验证假设 H1a 和 H1b；其次，划分企业子样本进一步分析上述影响关系在不同产权性质和不同行业性质企业之间的异质性，以验证假设 H2a、H2b、H3a、H3b；最后，对加入交互项的模型进行回归，分析媒体关注度和内部控制质量在市场激励型环境规制对企业环境战略影响中的调节效应，验证假设 H4a、H4b、H5a、H5b。

①市场激励型环境规制对企业环境战略的影响分析。

本章样本数据为面板数据，通过 Hausman 检验确定以固定效应模型对市场激励型环境规制和企业环境战略之间的影响关系进行分析。回归结果见表5.5。

表5.5　　　　市场激励型环境规制与企业环境战略回归结果

变量	EML		
	（1）	（2）	（3）
Etax		-0.271^{***} （0.103）	
Etax^2		0.187^{***} （0.070）	
Esub			0.044^{**} （0.019）
Size	3.152^{***} （0.388）	3.128^{***} （0.388）	3.162^{***} （0.388）
Roe	0.026 （0.069）	0.027 （0.069）	0.026 （0.069）
Cent	-0.103 （0.245）	-0.138 （0.245）	-0.096 （0.245）

续表

变量	EML		
	(1)	(2)	(3)
Growth	− 0. 025 *** (0. 008)	− 0. 026 *** (0. 008)	− 0. 026 *** (0. 008)
Cash	0. 002 (0. 016)	0. 002 (0. 016)	0. 002 (0. 016)
_cons	− 5. 391 *** (0. 931)	− 5. 332 *** (0. 931)	− 5. 443 *** (0. 930)
时间固定效应	YES	YES	YES
个体固定效应	YES	YES	YES
F 值 (Prob > F)	7. 01 (0. 000)	7. 02 (0. 000)	6. 94 (0. 000)

注：** 、*** 分别表示在 5% 和 1% 的水平上显著，括号内为标准误。
资料来源：Stata 分析整理。

在表 5.5 中，第（1）列为所有控制变量对企业环境战略的回归结果。其中，企业规模的系数正向显著，表明企业规模越大，企业环境战略水平越高；企业成长性则表现出对企业环境战略的显著负向影响，盈利能力、股权集中度、偿债能力与企业环境战略之间的关系不显著。模型 2 列明了环境税费及其二次项与企业环境战略的回归结果，其中一次项系数为 − 0. 271，二次项系数为 0. 187，均在 1% 水平上显著，可初步认为具有 U 型关系。计算可知，在环境税费取值范围左端点斜率为 − 0. 271，右端点斜率为 0. 516，满足 U 型关系所需条件，排除指数函数或对数函数关系的可能性。另计算得拐点为 0. 725，处于环境税费的取值范围为 [0, 2. 105]。各项结果符合汉斯（2016）三步检验法的要求，据此判断环境税费对企业环境战略具有 U 型影响关系，假设 H1a 经检验成立。随着所缴纳环境税费的增加，企业环境战略水平呈现出先下降后上升的趋势，在拐点之前环境税费表现出对企业环境战略的抑制作用，跨过拐点之后该抑制作用转变为促进作用。根据模型 3 的回归结果，环境补贴的回归系数为 0.044，在 5% 水平上显著，表明环境补贴对企业环境战略具有显著正向影响，假设 H1b 得到验证。

②产权性质与行业性质的异质性分析。

为进一步细化市场激励型环境规制对企业环境战略之间的影响关系，本章对划分产权性质和行业性质的企业子样本进行了回归分析，结果见表 5.6、表 5.7。

表 5.6　　　　　　　　　　产权异质性回归结果

变量	EML			
	国有企业		非国有企业	
	(1)	(2)	(3)	(4)
Etax	−0.257 (0.177)		−0.272 ** (0.131)	
Etax^2	0.166 (0.114)		0.190 ** (0.092)	
Esub		0.071 ** (0.032)		0.032 (0.024)
Size	1.370 * (0.799)	1.412 * (0.795)	3.791 *** (0.455)	3.807 *** (0.455)
Roe	0.125 (0.182)	0.139 (0.182)	−0.021 (0.075)	−0.023 (0.075)
Cent	−0.085 (0.418)	−0.032 (0.417)	−0.069 (0.321)	−0.045 (0.320)
Growth	0.004 (0.021)	0.002 (0.021)	−0.031 *** (0.009)	−0.031 *** (0.009)
Cash	−0.060 (0.043)	−0.063 (0.043)	0.006 (0.017)	0.006 (0.017)
_cons	−0.969 (1.941)	−1.129 (1.932)	−6.923 *** (1.090)	−6.980 (1.090)

续表

变量	EML			
	国有企业		非国有企业	
	（1）	（2）	（3）	（4）
时间固定效应	YES	YES	YES	YES
个体固定效应	YES	YES	YES	YES
F 值 （Prob > F）	7.74 （0.000）	7.70 （0.000）	6.42 （0.000）	6.36 （0.000）

注：*、**、*** 分别表示在 10%、5% 和 1% 的水平上显著，括号内为标准误。
资料来源：Stata 分析整理。

表 5.6 列示了市场激励型环境规制对企业环境战略影响关系基于企业产权异质性的回归结果。通过第（1）列和第（3）列结果分析可知，环境税费对于企业环境战略的 U 型影响关系在国有企业中不显著；在非国有企业中一次项系数为 -0.272，二次项系数为 0.190，均在 5% 的水平上显著，假设 H2a 得到验证。另根据第（2）列和第（4）列结果可以看出，环境补贴对于企业环境战略的正向影响在国有企业中显著，而在非国有企业中不显著，假设 H2b 得到验证。

表 5.7   **行业异质性回归结果**

变量	EML			
	重污染企业		非重污染企业	
	（1）	（2）	（3）	（4）
Etax	-0.298 ** （0.138）		-0.229 （0.164）	
Etax^2	0.204 ** （0.090）		0.163 （0.118）	
Esub		0.040 （0.025）		0.059 ** （0.029）

续表

变量	EML			
	重污染企业		非重污染企业	
	(1)	(2)	(3)	(4)
Size	2. 386 ***	2. 433 ***	3. 801 ***	3. 835 ***
	(0. 587)	(0. 587)	(0. 530)	(0. 530)
Roe	0. 186	0. 188	− 0. 049	− 0. 051
	(0. 115)	(0. 115)	(0. 087)	(0. 087)
Cent	0. 179	0. 260	− 0. 295	− 0. 289
	(0. 337)	(0. 335)	(0. 362)	(0. 362)
Growth	− 0. 071 ***	− 0. 071 ***	− 0. 025 ***	− 0. 025 ***
	(0. 026)	(0. 026)	(0. 009)	(0. 009)
Cash	0. 026	0. 026	− 0. 027	− 0. 027
	(0. 022)	(0. 022)	(0. 023)	(0. 023)
_cons	− 3. 756 ***	− 3. 908 ***	− 6. 802 ***	− 6. 908 ***
	(1. 409)	(1. 408)	(1. 277)	(1. 277)
时间固定效应	YES	YES	YES	YES
个体固定效应	YES	YES	YES	YES
F 值 (Prob > F)	7. 31 (0. 000)	7. 28 (0. 000)	6. 56 (0. 000)	6. 48 (0. 000)

注: ** 、*** 分别表示在 5% 和 1% 的水平上显著, 括号内为标准误。
资料来源: Stata 分析整理。

　　表 5. 7 列示了市场激励型环境规制对企业环境战略影响关系基于企业行业异质性的回归结果。通过第 (1) 列和第 (3) 列结果分析可知, 环境税费对于企业环境战略的 U 型影响关系在重污染企业中显著, 在非重污染企业中不显著, 假设 H3a 得到验证; 另根据第 (2) 列和第 (4) 列结果可以看出, 环境补贴对于企业环境战略的正向影响在重污染企业和非重污染企业中均显著, 假设 H3b 得到验证。

（4）调节效应检验

本章基于利益相关者理论关注了媒体关注度和内部控制质量在市场激励型环境规制与企业环境战略影响关系之中的调节效应。为减弱或避免解释变量、调节变量和交互项之间可能存在的共线性对回归结果产生不利影响，本章在构建交互项时对变量进行了中心化处理（方杰，2022），之后根据计量模型 3 ~ 模型 6 分别进行回归分析，结果见表 5.8。

表 5.8　　　　　　　　　　　　调节效应回归结果

变量	EML			
	（1）	（2）	（3）	（4）
Etax	− 0. 304 *** (0. 106)		− 0. 270 *** (0. 104)	
Etax^2	0. 217 *** (0. 073)		0. 187 *** (0. 071)	
Esub		0. 047 ** (0. 019)		0. 045 ** (0. 019)
Mad	− 0. 036 (0. 029)	− 0. 037 (0. 029)		
Etax × Mad	0. 327 ** (0. 157)			
Etax^2 × Mad	− 0. 237 ** (0. 105)			
Esub × Mad		− 0. 058 * (0. 030)		
Icq			− 0. 015 (0. 029)	− 0. 009 (0. 028)
Etax × Icq			0. 221 (0. 212)	

续表

变量	EML			
	(1)	(2)	(3)	(4)
Etax^2 × Icq			−0. 139 (0. 148)	
Esub × Icq				−0. 068 (0. 042)
Size	3. 125 *** (0. 389)	3. 172 *** (0. 389)	3. 124 *** (0. 388)	3. 155 *** (0. 388)
Roe	0. 027 (0. 069)	0. 031 (0. 069)	0. 025 (0. 071)	0. 031 (0. 070)
Cent	−0. 175 (0. 246)	−0. 118 (0. 245)	−0. 134 (0. 245)	−0. 100 (0. 245)
Growth	−0. 026 *** (0. 008)	−0. 026 *** (0. 008)	−0. 026 *** (0. 008)	−0. 026 *** (0. 008)
Cash	0. 002 (0. 016)	0. 002 (0. 016)	0. 002 (0. 016)	0. 002 (0. 016)
_cons	−5. 280 *** (0. 931)	−5. 426 *** (0. 930)	−5. 282 *** (0. 932)	−5. 398 *** (0. 931)
时间固定效应	YES	YES	YES	YES
个体固定效应	YES	YES	YES	YES
F 值 （Prob > F）	7. 01 (0. 000)	6. 95 (0. 000)	7. 01 (0. 000)	6. 94 (0. 000)

注： * 、** 、*** 分别表示在 10% 、5% 和 1% 的水平上显著，括号内为标准误。
资料来源：Stata 分析整理。

　　根据表 5.8 第（1）列可知，加入交互项之后环境税费对企业环境战略的影响系数仍然显著。媒体关注度与环境税费一次项的交互项回归系数为 0.327，在 5% 的水平上显著；与环境税费二次项的交互项回归系数为 −0.237，也在 5% 的水平上显著，表明媒体关注度在环境税费对企业环境战

略 U 型影响关系中的调节效应显著，假设 H4a 得到验证。从调节效果来看，
U 型曲线拐点随媒体关注度的变化情况由环境税费、环境税费二次项、一次
项交互项、二次项交互项的回归系数共同决定。由汉斯（2016）提出的公式
计算可得 $(-0.304) \times (-0.237) - 0.217 \times 0.327 = 0.001 > 0$，即随着媒体关
注度的增大 U 型曲线的拐点将向右移动；U 型曲线陡峭程度的变化取决于二
次项交互项的回归系数，由于该系数 -0.237 小于 0，可知媒体关注度使得 U
型曲线变得更加平缓，即媒体关注度同时弱化了拐点左侧环境税费对企业环
境的抑制作用和拐点右侧环境税费对企业环境的促进作用。表 5.8 第（2）列
可以看出，环境补贴与媒体关注度的交互项系数为 -0.058，在 10% 的水平上
显著，表明媒体关注度在环境补贴对企业环境战略的正向影响中的调节效应
显著，具体表现为对该正向影响的弱化，假设 H4b 得到验证。图 5.1（a）和
（b）分别反映了媒体关注度对环境税费和环境补贴的调节效应，其中高媒体
关注度由均值加标准差来表示，低媒体关注度由均值减标准差来表示。

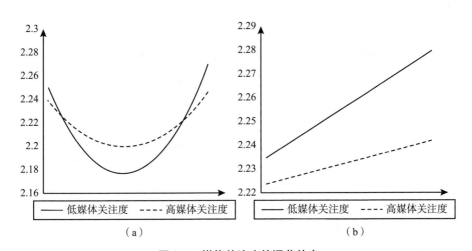

图 5.1　媒体关注度的调节效应

表 5.8 第（3）列和第（4）列为内部控制质量调节效应的检验结果。在
第（3）列中，内部控制质量与环境税费一次项、环境税费二次项的交互项的
回归系数均不显著，表明内部控制质量在环境税费对企业环境战略 U 型影响

关系中的调节效应不显著，假设 H5a 验证不成立。在第（4）列中，内部控制质量与环境补贴交互项的回归系数亦不显著，表明内部控制质量在环境补贴对企业环境战略正向影响关系中的调节效应不显著，假设 H5b 未得到验证。

5.5.2 稳健性检验

为了检验回归分析结果的可靠性，本章以更换计量模型和调整数据样本的方式进行稳健性分析。由于被解释变量企业环境战略的取值范围由整数构成，分数越高表示企业环境战略水平越高，根据该取值特点将计量模型换用为有序 Logistic 模型。同时，本章对各连续变量进行了 1% 的缩尾处理，再次进行回归分析。

（1）市场激励型环境规制对企业环境战略影响关系的稳健性分析

基于有序 Logistic 模型的市场激励型环境规制对企业环境战略的回归结果如表 5.9 所示。

表 5.9　　市场激励型环境规制与企业环境战略有序 Logistic 回归结果

变量	EML		
	（1）	（2）	（3）
Etax		-0.957 ** (0.383)	
Etax^2		0.659 ** (0.259)	
Esub			0.158 ** (0.072)
Size	10.396 *** (1.548)	10.256 *** (1.541)	10.450 *** (1.544)
Roe	0.082 (0.212)	0.083 (0.216)	0.086 (0.212)

续表

变量	EML		
	(1)	(2)	(3)
Cent	−0.626 (0.976)	−0.809 (0.958)	−0.650 (0.950)
Growth	−0.068** (0.028)	−0.069** (0.030)	−0.069** (0.029)
Cash	0.035 (0.074)	0.036 (0.074)	0.034 (0.074)
Wald chi2	126.59	135.76	132.77
Prob > chi2	0.000	0.000	0.000

注：** 、*** 分别表示在5% 和1%的水平上显著，括号内为标准误。

资料来源：Stata 分析整理。

在表5.9第（2）列，环境税费一次项回归系数为 −0.957，在5%的水平上显著；环境税费二次项回归系数为0.659，在5%的水平上显著，符合 U 型关系所需必要条件；通过计算可知，在环境税费取值左端点斜率为 −0.957，在右端点斜率为1.817，可排除对数或指数型影响关系；最后试算得 U 型曲线拐点为0.726，位于解释变量环境税费的取值区间 [0，2.105]，表明 U 型曲线在该取值区间内具有完整性。据此判断回归结果满足 U 型关系检验三步法的各项要求，表明环境税费对于企业环境战略具有显著的 U 型影响关系。第（3）列中环境补贴的回归系数为0.158，在5%的水平上显著，表明环境补贴对于企业环境战略具有显著正向影响。通过与前文的对比可知，环境税费、环境补贴对企业环境战略影响关系的检验结果与原分析结果一致，表明本章研究结果具有稳健性。

（2）产权异质性与行业异质性的稳健性分析

对于产权异质性和行业异质性的稳健性检验回归结果如表5.10 和表5.11 所示。

表5.10 产权异质性的稳健性分析

变量	EML			
	国有企业		非国有企业	
	(1)	(2)	(3)	(4)
Etax	−1.035 (0.689)		−1.059** (0.480)	
Etax^2	0.642 (0.430)		0.751** (0.336)	
Esub		0.262** (0.125)		0.119 (0.090)
Size	4.576 (3.523)	4.858 (3.559)	12.696*** (1.918)	12.777*** (1.916)
Roe	0.606 (0.570)	0.597 (0.556)	−0.041 (0.250)	−0.038 (0.245)
Cent	−0.894 (1.832)	−0.756 (1.852)	−0.316 (1.243)	−0.212 (1.238)
Growth	0.026 (0.103)	0.018 (0.104)	−0.085** (0.034)	−0.084** (0.033)
Cash	−0.191 (0.129)	−0.200 (0.135)	0.063 (0.084)	0.062 (0.083)
Wald chi 2	51.73	53.61	114.01	105.62
Prob > chi 2	0.000	0.000	0.000	0.000

注：**、***分别表示在5%和1%的水平上显著，括号内为标准误。
资料来源：Stata分析整理。

通过表5.10第（1）列和第（3）列结果可知，环境税费对于企业环境战略的U型影响关系在国有企业中不显著，在非国有企业中显著；另根据第（2）列和第（4）列结果可以看出，环境补贴对于企业环境战略的正向影响在国有企业中显著，在非国有企业中不显著。由此可见，基于企业产权异质性的稳健性分析结果与前文的分析结果一致，表明环境税费和环境补贴对企业环境战略的影响关系在国有企业和非国有企业之间具有异质性的研究结果可靠。

表 5.11   行业异质性的稳健性分析

变量	EML			
	重污染企业		非重污染企业	
	（1）	（2）	（3）	（4）
Etax	−1.046 ** （0.508）		−0.870 （0.643）	
Etax^2	0.715 ** （0.327）		0.621 （0.465）	
Esub		0.130 （0.100）		0.220 ** （0.104）
Size	8.775 *** （2.630）	8.927 *** （2.646）	11.655 *** （2.091）	11.868 *** （2.091）
Roe	0.911 （0.614）	0.926 （0.638）	−0.158 （0.272）	−0.147 （0.269）
Cent	0.625 （1.329）	0.976 （1.351）	−1.138 （1.488）	−1.153 （1.465）
Growth	−0.286 *** （0.094）	−0.285 *** （0.094）	−0.062 ** （0.028）	−0.062 ** （0.028）
Cash	0.130 （0.108）	0.126 （0.107）	−0.084 （0.098）	−0.086 （0.097）
Wald chi 2	45.23	41.72	104.95	105.10
Prob > chi 2	0.000	0.000	0.000	0.000

注：** 、*** 分别表示在5%和1%的水平上显著，括号内为标准误。
资料来源：Stata 分析整理。

通过表5.11 第（1）列和第（3）列结果分析可知，环境税费对于企业环境战略的 U 型影响关系在重污染企业中显著，在非重污染企业中不显著；另根据第（2）列和第（4）列结果可以看出，环境补贴对于企业环境战略的正向影响在重污染企业中不显著，在非重污染企业中显著。由此可见，基于企业行业异质性的稳健性分析结果与前文的分析结果一致，表明环境税费和环境补贴对企业环境战略的影响关系在重污染企业和非重污染企业之间具有异质性的研究结果可靠。

（3）调节效应稳健性分析

为检验调节效应分析结果的可靠性，本章以有序 Logistic 回归再次对包含解释变量、调节变量和各交互项的计量模型进行分析，结果如表 5.12 所示。

表 5.12　　　　　　　　　　　　调节效应稳健性检验结果

变量	EML			
	(1)	(2)	(3)	(4)
$Etax$	-1.089 *** (0.397)		-0.945 ** (0.384)	
$Etax^2$	0.783 *** (0.273)		0.654 ** (0.259)	
$Esub$		0.166 ** (0.072)		0.155 ** (0.072)
Mad	-0.132 (0.109)	-0.131 (0.109)		
$Etax \times Mad$	1.270 ** (0.599)			
$Etax^2 \times Mad$	-0.914 ** (0.407)			
$Esub \times Mad$		-0.201 * (0.115)		
Icq			-0.059 (0.107)	-0.027 (0.106)

续表

变量	EML			
	（1）	（2）	（3）	（4）
Etax × Icq			0.731 （0.475）	
Etax^2 × Icq			−0.442 （0.333）	
Esub × Icq				−0.229 （0.143）
Size	10.239 *** （1.539）	10.446 *** （1.543）	10.288 *** （1.548）	10.407 *** （1.547）
Roe	0.083 （0.226）	0.106 （0.211）	0.062 （0.244）	0.112 （0.219）
Cent	−0.978 （0.952）	−0.736 （0.952）	−0.811 （0.953）	−0.733 （0.951）
Growth	−0.071 ** （0.032）	−0.069 ** （0.029）	−0.069 ** （0.030）	−0.069 ** （0.029）
Cash	0.037 （0.075）	0.036 （0.074）	0.038 （0.075）	0.033 （0.074）
Wald chi 2	146.87	137.52	140.27	136.62
Prob > chi 2	0.000	0.000	0.000	0.000

注：*、**、*** 分别表示在10%、5%和1%的水平上显著，括号内为标准误。
资料来源：Stata 分析整理。

根据表5.12第（1）列可知，环境税费、环境税费二次项、媒体关注度与环境税费的交互项、媒体关注度与环境税费二次项的交互项均显著，表明媒体关注度在环境税费对企业环境战略 U 型影响关系中的调节效应显著。进一步对调节效果进行讨论，汉斯（2016）指出，当运用 Logistic 回归模型对 U 型关系中的调节效应进行分析时，关于 U 型曲线拐点和陡峭程度随调节变量变化情况的判断方法与一般线性回归模型一致。则 U 型曲线拐点随媒体关注度的变化情况由公式计算可得 $(-1.088) \times (-0.914) - 0.783 \times 1.271 = 0.001 > 0$，即随着媒体关注度的增大 U 型曲线的拐点将向右移动；U 型曲线陡峭程度的变化依然取决于二次项交互项的回归系数，由于该系数 -0.914 小于 0，可知媒体关注度使得 U 型曲线变得更加平缓，即媒体关注度同时弱化了拐点左侧环境税费对企业环境的抑制作用和拐点右侧环境税费对企业环境的促进作用。表 5.12 第 (2) 列可以看出，环境补贴与媒体关注度的交互项系数为 -0.201，在 10% 的水平上显著，表明媒体关注度在环境补贴对企业环境战略的正向影响中的调节效应显著，具体表现为对该正向影响的弱化。由此可见稳健性分析结果与前文相吻合，证明媒体关注度在市场激励型环境规制对企业环境战略影响关系具有显著调节效应的分析结果具有可靠性。

表 5.12 第 (3) 列和第 (4) 列为内部控制质量调节效应的稳健性检验结果。在第 (3) 列中，内部控制质量与环境税费交互项、内部控制质量与环境税费二次项的交互项的回归系数均不显著，表明内部控制质量在环境税费对企业环境战略 U 型影响关系中的调节效应不显著。在第 (4) 列中，内部控制质量与环境补贴交互项的回归系数亦不显著，表明内部控制质量在环境补贴对企业环境战略正向影响关系中的调节效应不显著。此处分析与前文一致，表明内部控制质量在市场激励型环境规制对企业环境战略影响关系中调节效应不显著的分析结果通过了稳健性检验。

5.6 研究小结

本章对市场激励型环境规制、企业环境战略、媒体关注度、内部控制质量之间的影响关系进行回归分析以验证本章的各项研究假设，假设检验结果已通过稳健性检验并汇总见表 5.13。

表 5.13　　　　　　　　　　假设检验结果汇总

序号	假设内容	是否成立
H1	市场激励型环境规制对企业环境战略具有显著影响	
H1a	环境税费对企业环境战略具有"U"型影响关系	成立
H1b	环境补贴对企业环境战略具有正向影响	成立
H2	市场激励型环境规制对于国有企业和非国有企业的环境战略具有异质性影响	
H2a	环境税费对于国有企业和非国有企业的环境战略具有异质性影响	成立
H2b	环境补助对于国有企业和非国有企业的环境战略具有异质性影响	成立
H3	市场激励型环境规制对于重污染企业和非重污染企业的环境战略具有异质性影响	
H3a	环境税费对于重污染企业和非重污染企业的环境战略具有异质性影响	成立
H3b	环境补助对于重污染企业和非重污染企业的环境战略具有异质性影响	成立
H4	媒体关注度在市场激励型环境规制对企业环境战略的影响中具有调节作用	
H4a	媒体关注度在环境税费对企业环境战略的影响中具有调节作用	成立
H4b	媒体关注度在环境补贴对企业环境战略的影响中具有调节作用	成立
H5	内部控制质量在市场激励型环境规制对企业环境战略的影响中具有调节作用	
H5a	内部控制质量在环境税费对企业环境战略的影响中具有调节作用	不成立
H5b	内部控制质量在环境补贴对企业环境战略的影响中具有调节作用	不成立

（1）市场激励型环境规制与企业环境战略

在市场激励型环境规制对企业环境战略的影响关系中，假设 H1a 和假设 H1b 均成立。其中，环境税费对企业环境战略具有显著 U 型影响关系，环境补贴对于企业环境战略具有显著正向影响。

作为一项市场激励型环境规制工具，环境税费可以通过根据企业污染物排放情况征收相应税费的方式实现环境污染负外部性的内化。企业在进行生产经营决策时会基于成本效益的考量理性选择应对环境监管的方式。当环境税费较少时，环境污染问题对于企业合法性压力和竞争优势等方面造成的负面影响并不明显，企业会选择缴纳环境税费的方式来满足环境监管要求。此时环境税费作为一项额外成本会挤占部分生产经营资源，从而抑制企业对于包括环境战略在内的各种高成本高风险活动的投资意愿。随着所需缴纳环税费的增加，环境税费成本将超过环保活动所需投入成本，且环境污染问题的负面影响逐渐显现并对企业环境合法性和竞争优势等产生威胁，企业将被迫实施积极主动的环境战略以减少污染物排放并满足各利益相关者的环保诉求。此时环境税费越高，企业进行环境战略的紧迫性和积极性越高。

与环境税费类似，环境补贴的作用方式是内化企业在节能减排等项目中产生的环境正外部性收益。环境补贴不仅能够直接对企业各类环保项目提供资金支持，也能充分调动企业对于环境战略的积极性并对环境战略的开展起到监督引导作用。此外，环境补贴可能具有的"认证效应"有利于企业建立良好的形象和声誉，有利于企业获取各种可用于环境实践的资源与支持，进一步提高企业的环境战略水平。

（2）基于产权性质和行业性质的异质性

在基于产权性质和行业性质的异质性分析中，假设 H2a、H2b、H3a、H3b 经过验证均成立。

市场激励型环境规制对企业环境战略的影响在国有企业和非国有企业之间具有异质性。一方面，环境税费对企业环境战略的 U 型影响在国有企业中不显著，在非国有企业中显著。政府和社会各界对于环境问题的关注不断加强，相较于非国有企业，国有企业由于在国民经济和社会发展中所占据的重要地位，通常面临着更为严格的环境监管和环境合法性压力。与政府之间天然的政治关联也促使国有企业在生产经营决策中通常会将政策导向和社会效益纳入考虑范围。这使得国有企业在应对环境税费之外依然保持对环境问题的高度重视，可能导致环境税费未能表现出对国有企业环境战略的驱动作用。而非国有企业所受到的环境监管和社会各界的环保要求整体较为宽松，缺乏实行环境战略的动机和积极性，这可能使得环境税费的作用效果凸显。另一方面，环境补贴对企业环境战略的正向影响在国有企业中显著，而在非国有企业中不显著。

行业异质性方面，市场激励型环境规制的作用效果在重污染企业和非重污染企业之间也存在差异。一方面，环境税费对重污染企业的环境战略具有显著影响，对非重污染企业的影响不显著；与非重污染企业相比，重污染企业在生产经营中所造成的环境污染问题较为突出，以污染物排放情况为征收标准的环境税费使得重污染企业面临着严重的成本压力和环境合法性压力，这将有效驱动重污染企业充分权衡缴纳环境税费并承受环境污染负面影响或者进行环境战略以满足各方环境诉求；而非重污染企业的污染排放状况整体较轻，可能导致环境税费未能发挥明显作用。另一方面，环境补贴在重污染企业中的作用效果不显著，而在非重污染企业中的作用效果显著。重污染企业由于环境污染问题较为严重，开展节能减排等环境实践的难度更大，所需投入的各种资源更多，这可能在一定程度上阻碍环境补贴对重污染企业环境战略水平的提升作用。

（3）媒体关注度与内部控制质量的调节效应

在媒体关注度与内部控制质量的调节效应分析中，假设 H4a、H4b 成立，而假设 H5a、H5b 不成立。

媒体关注度在市场激励型环境规制对企业环境战略的影响关系中具有调节效应。在环境税费对企业环境战略的 U 型影响中的具体调节效果表现为使 U 型拐点右移，并且抑制了拐点左侧环境税费的负向影响和拐点右侧环境税费的正向影响；在环境补贴对企业环境战略的正向影响中媒体关注度也表现出了抑制作用。一方面，媒体的关注减少了企业内外部信息不对称的情况，与被公众忽视的公司相比，获得更多媒体关注的公司由于信息相对透明更有可能获得社会的认可和接受，从而提高各种合作者为公司提供支持的意愿（Chen，2022）。媒体关注度所带来的企业生产经营透明度的提升可能有助于增强社会公众对于企业的信心和积极评价，缓解企业所面临的环境监管压力。例如，较高的媒体关注在降低外部投资者和债权人所承担的风险方面具有重要作用，有助于降低企业的融资成本（刘常建，2019），缓解环境税费所带来的污染成本压力。另一方面，媒体的关注会影响企业的风险承担状况，在高度的媒体关注下，企业管理层倾向于更为保守，在开展环境战略等风险活动时会更加慎重（Gao，2022）。这也可能使得媒体关注度较高的企业对市场激励型环境规制的反应较为平缓。林等（2022）指出，媒体关注度能够弱化环境规制对于企业环保创新的影响，刘常建等（2019）的研究也表明较高的媒体关注度有助于缓解外部环保压力对企业造成的影响，本章的研究结果与两位学者的观点相契合。

内部控制质量则没有表现出显著的调节效应，表明内部控制质量不会影响企业面对环境税费和环境补贴时的反应，这与林等（2022）的研究结果不符，其认为内部控制质量的调节使得环境规制对于企业环保创新的影响方向发生了转变。企业内部控制的主要目标包括确保公司治理的合法合规性、确保资产安全、保证完整可靠的财务报告和信息披露、提高日常运营效率和促进公司战略的实现，侧重于加强管理层监督、风险管理和内外信息沟通以实现企业经济价值和股东利益的长期稳定发展（Ge，2021；Ma，2022；Boulha-ga，2022）。而市场激励型环境规制与企业环境战略均聚焦环境目标的实现，与企业经济目标之间存在一定的冲突，二者之间的目标不一致性可能是导致内部控制质量调节效应不显著的原因之一。此外，环境战略属于高投入高风险活动，王等（2021）、叶等（Ye et al.，2022）指出，较弱的内部控制质量难以对管理层决策起到有效的监督，管理层可能存在因避免自身利益受损而漠视甚至放弃风险项目的倾向，但由于较少受到规章流程的限制，企业在开展风险项目时的灵活性较高；较强的内部控制能够在一定程度上抵制管理层的不良倾向和消极决策，却由于严格的制度流程导致灵活性下降，对风险项目的审批运作效率和员工热情产生不利影响。强、弱内部控制质量在监督作用和灵活性方面表现出的各有利弊也可能是调节效应未被观察到的原因。

第 6 章

高管团队异质性对企业绿色
创新绩效的影响

如何减少环境危害，实现可持续发展成为近年来社会关注的重点问题。企业的生产经营活动是导致当前环境状况的关键原因之一（Li，2017）。企业在生产过程中会产生大量的废水、废气、废渣等有害物质，其生产的产品也可能在使用过程中对环境造成污染，对资源的过度开发也会导致生态破坏……因此，减少企业生产经营活动对环境的危害是解决环境问题的关键。政府、消费者以及其他利益相关者纷纷将目光集中于企业，要求企业为保护环境作出努力，放弃造成环境问题的做法并采取能够确保环境安全的措施（Abbas，2019）。对于企业来说，如何平衡现金流、盈利能力和环境保护是发展中面临的重大挑战（He，2019）。

绿色创新被认为是以经济高效的方式实现环境目标的一种途径，不仅可以大大减少对环境的不利影响，还可以给企业带来经济效益（Liao，2018）。企业可以通过产品方面的绿色创新与竞争对手形成产品差异，获取更高利润；可以通过生产工艺方面的绿色创新提高资源利用率，减少生产成本；同时，通过绿色创新还可以加强企业绿色形象，提高企业声誉。绿色创新对于企业应对环境变化和促进经济发展具有重要意义（Liao，2018）。因此，绿色创新已成为重要研究课题。现有的学者大多都研究企业外部因素对企业绿色创新的驱动，从企业内部视角的研究较少（DEL RÍO，2016）。

高层梯队理论表明，高管团队成员的种族、性别、年龄、职能背景、教育水平等人口统计特征反映了他们的认知基础、价值观等心理特征，这些认知基础、价值观会影响企业战略选择和企业绩效（Hambrick，1984）。在现实的企业中，高管团队往往是由特征不同的高管成员组成，成员之间特征的差异会通过团队内部运作对企业战略和绩效产生影响（Hambrick，1984）。因此，高管团队异质性，即高管团队成员特征的差异，成为学者们研究的重点（肖挺，2013）。已有学者关注性别、年龄、任期、教育、工作经历等不同维度的特征，研究了高管团队异质性对企业创新绩效、企业绩效、企业社会责任绩效等多方面的影响（张兆国，2018），但对企业绿色创新绩效的影响探讨较少。霍巴奇和雅各布（Horbach & Jacob，2018）指出，高管团队特征在绿色创新方面的影响值得被关注。环境战略是企业绿色创新的重要影响因素，环境战略水平越高越有可能促使企业采取绿色创新减少环境负面影响（Yang，2019）。那么，高管团队异质性会不会通过企业环境战略对企业绿色创新绩效产生间接影响呢？

因此，本章基于高层梯队理论，构建了"高管团队异质性—企业环境战略—企业绿色创新绩效"的内在逻辑框架，并且将高管团队异质性分为：性别异质性、年龄异质性、教育水平异质性、任期异质性和职能背景异质性，探究这五种异质性对企业绿色创新绩效产生的影响效果，同时引入环境战略这一变量，探究其在二者关系间的作用机理。

6.1　高管团队异质性

6.1.1　高管团队异质性概念

哈姆布里克和梅森于1984年提出高层梯队理论使高管团队特征成为学者们研究的热点。学者们主要从异质性和集中趋势（如均值、比例等）两个视角对高管团队特征进行研究，其中对高管团队异质性的研究更为集中（肖挺，

2013；Aboramadan，2020）。异质性，在一些学者的研究中也被称为多元化、多样性（Harrison，2007），是指一个相互依赖的工作团队的成员在特定个人属性方面的差异分布，如任期、种族、责任心、任务态度或薪酬等（Harrison，2007；Joshi，2009）。哈姆布里克（1996）指出，高管团队异质性就是高管团队成员特征的差异，包括职能背景、任期、年龄、教育、价值观、信念、认知等方面的多个维度。

6.1.2 高管团队异质性分类

学者们基于不同的视角，对团队异质性进行了分类，表6.1列出了学者们的一些代表性观点。

表6.1 团队异质性分类

作者	分类	定义	相关特征举例
哈里森（Harrison，2002）	表面层次的异质性	在公开的人口统计特征上的差异	年龄、性别、种族
	深层次的异质性	心理特征之间的差异	个性、价值观、态度
杰克逊等（Jackson et al.，2003）、乔许和罗（Joshi & Roh，2009）、塔克等（Talke et al.，2010）	关系导向异质性	在认知上是可及的、普遍的和不可改变的，并且与社会分类过程相关的特征的差异	性别、民族、年龄
	任务导向异质性	基于技能和信息的特征的差异	教育、职能、任期
克尼潘伯格（Knippenberg，2004）	社会类别多样性	容易察觉的属性上的差异	性别、年龄、种族
	信息/功能多样性	不太明显的与工作相关的潜在属性的差异	任期、教育、职能
休利特等（Hewlett et al.，2013）	固有的异质性	与生俱来的特征的差异	性别、种族
	后天的异质性	从经历中获得的特质的差异	工作经历
牛芳等（2011）	任务相关异质性	知识、技能、经验等方面的差异	教育程度、职能经验
	身份相关异质性	社会角色和社会地位方面的差异	年龄、种族、性别
胡望斌等（2014）	社会性异质性	社会地位和社会角色方面的差异	种族、性别、年龄
	功能性异质性	与工作相关的知识技能、工作背景等方面的差异	行业经验、人格、偏好

从表 6.1 中可以看出，虽然学者们对团队异质性的分类有所不同，但是却大同小异，具有严重的交叉性。总体来看，异质性可以分为两类，一类是与生俱来、不可改变的、与社会分类相关的特征的差异，如休利特等（Hewlett et al.，2013）的固有异质性；杰克逊等（Jackson et al.，2003）、乔许和罗（Joshi & Roh，2009）、塔克（Talke，2010）的关系导向异质性；克尼潘伯格（Knippenberg，2004）的社会类别多样性；牛芳（2011）的身份相关异质性；胡望斌等（2014）社会性异质性。另一类是与工作所需的知识、技能、能力、经验相关的特征的差异，如休利特等（2013）的后天的异质性；杰克逊等（2003）、乔许和罗（Joshi & Roh，2009）、塔克等（Talke et al.，2010）的任务导向异质性；克尼潘伯格（Knippenberg，2004）的信息/功能多样性；牛芳等（2011）的任务相关异质性；胡望斌等（2014）的社会性异质性。

本章参考杰克逊（2003）、乔许和罗（2009）、塔克等（2010）的分类，将高管团队异质性分为：关系导向异质性，包括性别、年龄、种族等与生俱来、不可改变的和社会分类相关的特征的差异，以及任务导向异质性，包括教育、任期、职能经验、行业经验等与技能、信息、经验相关的特征的差异。

6.2 假设提出

高层梯队理论表明，高管团队负责企业决策的制定和执行，其特征会影响企业绩效（Hambrick，1984）。基于异质性视角，高管团队异质性会带来高管团队成员之间价值观、认知基础等多方面的差异，这种差异对企业绿色创新方面的决策和实施过程产生影响，从而影响企业绿色创新绩效（Hao，2019）。高管团队异质性对绿色创新绩效的影响可能存在不确定性。一方面，基于信息决策理论，高管团队异质性会带来认知基础的多样性，并鼓励团队分享不同的观点和想法，避免群体思维倾向，促进更具创造性和创新性的解决方案，从而可能提高企业绿色创新绩效（Díaz-Fernández，2020；AUH，2005）；另一方面，基于社会认同理论，不同的价值观、认知导致的冲突可能会阻碍信息共享过程，增加沟通成本，从而可能降低企业绿色创新绩效（Lee，2021；Li，2019）。霍巴奇和雅各布（2018）、郝等（2019）的研究也说明了高管团队异质性可能会对企业绿色创新绩效产生影响，但这种影响是好是坏还没有定论。基于此，提出假设 H1：

H1：高管团队异质性会对企业绿色创新绩效产生影响。

学者们的研究表明，高管团队异质性的不同维度可能会产生不同影响（Talke，2010；Nielsen，2010；Hao，2019），接下来，本章分别对高管团队的性别异质性、年龄异质性、教育水平异质性、任期异质性、职能背景异质性与企业绿色创新绩效影响关系的假设进行阐述。

6.2.1　性别异质性与企业绿色创新绩效

女性在职场上的关注度日益增加，越来越多的女性进入公司管理层，担任企业重要职务，学者们也开始对高管团队的性别构成进行探讨。性别的差异导致了男性和女性高管具有不同的特质、认知、价值观等，进而导致他们行为方式的差异（He，2019；Horbach & Jacob，2018）。

环境意识方面。相较于男性，女性拥有更强的环境意识。一方面，由于生物学特征和生育的原因，女性对自然和生态过程表现出更大的认同感，强调关爱和养育而不是资源开发和支配；另一方面，作为一个群体，女性可能因为她们在父权制剥削文化体系中的经历而更意识到环境剥削（Wehrmeyer，2000；Post，2011）。女性比男性更关心感知到的环境风险，并更可能采取行动降低感知风险（Post，2011）。例如，作为消费者，女性比男性更有可能表现出环境友好的态度和行为（Mainieri，1997）；在有经验的 MBA 学生中，女性似乎也比男性更有可能支持执行环境责任标准（Fukukawa，2007）。因此，女性更强的环境意识可能会增加高管团队通过绿色创新减少环境危害。

道德价值取向方面。相较于男性，女性通常对弱势群体更加同情，会更多地关注需要帮助的群体，并且通常具有良好的道德意识（Liao，2019）。当面对道德问题时，她们具有更强的利他主义（Liao，2019）。由于同理心和关爱，女性更关心"关系和责任"的道德规范，更关心企业和利益相关者之间的关系（Liao，2019）。绿色创新是企业满足众多利益相关者环境保护诉求、减少环境污染的重要途径（Liao，2019）。因此，女性高管为了满足利益相关者降低环境负面影响的诉求，可能会积极推动高管团队采取绿色创新。

风险偏好方面。绿色创新是一项高风险的活动（蔡跃洲，2012）。相较于女性，男性表现出更强的风险偏好、冒险精神、过度自信（王淑英，2017；熊艾伦，2018；张瑞纲，2020）。因此，在推动绿色创新方面男性高管会更加果断、大胆，有可能使企业在绿色创新方面取得突破。

识别利益相关者方面。绿色创新影响具有不同目标的利益相关者，存在性别差异的高管团队可以识别不同的利益相关者群体，并确保不会忽略包括社会和环境在内的不同利益相关者的需求（He，2019；Nadeem，2020）。例如，女性高管可能对消费者关于绿色创新的诉求更为敏感（He，2019），男性高管可能对政府的诉求更为关注（傅广宛，2016）。

信息收集与处理方面。绿色创新使信息识别变得更加复杂，因为它涉及经济、环境效益，而女性高管和男性高管具有不同专业知识、思维方式、信息获取渠道，可以增强企业处理信息的能力，作出正确有效的绿色创新决策（He，2019）。

团队合作方面。女性高管凭借其独特的协作和人际交往能力，可以通过有效的沟通改善团队合作和凝聚力，减少冲突和拖延，从而提高企业进行绿色创新的效率（Horbach & Jacob，2018）。

通过以上分析，基于信息决策理论，性别异质性增加了高管团队认知的多样性，提供了更广泛的视角，增加了对信息的搜索，提高了集思广益的质量，这可能会积极影响绿色创新水平和企业的绿色创新能力，并有助于确定新的绿色创新机会，提高企业绿色创新绩效。霍巴奇和雅各布（2018）的研究也表明高管团队性别异质性会促进企业绿色创新。张兆国等（2018）的研究发现，高管团队性别异质性会促进企业履行社会责任。基于此，本章提出假设 H1a：

H1a：高管团队性别异质性会对企业绿色创新绩效产生正向影响。

6.2.2　年龄异质性与企业绿色创新绩效

年龄反映了高管的阅历和经验，不同年龄的高管在阅历、经验、成熟度等方面存在差异，这使他们在工作态度、价值观、偏好等也有所不同（吴德军，2013；Rhodes，1983）。

风险偏好方面。不同年龄的高管对高风险活动的态度存在差异。年长的高管通常处于职业生涯的后期，有很强的组织依赖性和认同感，随着年龄的增长，他们更倾向于保持当前的状态和平衡，更有可能使用保守的策略来维持自己在社会中的地位，对于绿色创新这种高风险的活动，其可能持回避或抗拒态度（王淑英，2017；Ma，2019）。而年轻的高管有追求成功的精力和动力，思想更加开放，更加愿意冒险，在绿色创新方面会表现出更高的积极性（Ma，2019）。

新事物感知和接受方面。外部环境变幻莫测，企业必须及时跟上世界变化的步伐，才能抓住机遇。年长的高管对于外部环境变化的感知较慢，接受新鲜事物的能力较弱，有的甚至排斥新事物，其无法及时更新自身的知识，依赖于原有经验。年轻的高管能够快速意识到外部环境的变化，接受新事物的能力更强，愿意通过丰富自己的知识体系为企业发展提供新方向（吴成颂，2013；王淑英，2017）。

基于社会认同理论，年龄是社会分类的强大触发因素，年龄相近的个体拥有相似的信念和想法，观点和信念的相似性鼓励个体与年龄相近的其他个体进行交流和互动，但阻碍了不同年龄群体间的交流，容易发生冲突，降低社会融合（Pesch，2015）。年龄的异质性带来的认知差异可能会使高管团队成员在绿色创新问题上产生代际冲突，属于不同年龄群体的高管成员之间互不理解、互不认同，甚至对彼此存在偏见，产生协调和沟通上的困难，难以建立共识，降低决策效率和质量，从而阻碍绿色创新活动，降低企业绿色创新绩效（崔小雨，2018）。谷川等（Tanikawa et al.，2017）、崔小雨等（2018）的研究表明，高管团队年龄异质性会阻碍了组织绩效。基于此，本章提出假设 H1b：

H1b：高管团队年龄异质性会对企业绿色创新绩效产生负向影响。

6.2.3　教育水平异质性与企业绿色创新绩效

高管的教育水平反映了其认知水平、价值观念等（吴德军，2013；李冬伟，2017）。不同教育水平的高管可能在信息获取与处理、思维方式、环境意识等方面存在差异。

信息获取方面。教育水平不同，其知识储备不同，同时，在求学过程中，接触的人不同，积累了自己的人脉，为企业提供了不同获取信息的渠道，有利于团队获取更加丰富的信息（张耀文，2017；崔小雨，2018）。

信息处理能力方面。不同教育水平的高管信息处理能力不同，相较于教育水平低的高管，教育水平较高的高管，其知识的专业性、科学性越强，逻辑更加缜密，信息整合和分析能力越强，有利于充分利用信息推动企业绿色创新（Herrmann，2005）。同时，教育水平较高的高管对企业内外部环境的变化和企业面临的挑战更加敏感，并能及时作出反应（张耀文，2017；Herrmann，2005）。

思维方式方面。教育水平高的高管由于在校学习时间更长，往往具有较强的理论知识，能够从理论视角制定有效的绿色创新决策（韩庆潇，2017）。而教育水平较低的高管步入社会、开始工作的时间更早，具有更多的工作经验和专业技能，往往能从自身的实践经验角度给出不同的意见，提供不同的思路，使得企业的绿色创新决策更加具有可行性（韩庆潇，2017）。

环境意识方面。教育水平较高的高管因为在校学习期间不断接受"遵守伦理""遵守法制""保护环境"等价值观的熏陶，道德推理能力和环境保护意识更强（吴德军，2013）。而教育水平较低的高管能达到今天的职位往往不容易，因此，更加在意自身的声誉和地位，为了满足社会期望、防止环境问题给自己带来的负面影响增加对环境问题的关注。高管环境意识的加强会促进环境实践，通过绿色创新减少环境危害。

通过以上分析，基于信息决策理论，高管团队的教育水平异质性越高，企业获得的信息越多元化，审视问题的视角更加广泛，在不同观点的碰撞中完善思考、激发新想法，增强应对发展绿色创新这一复杂任务的能力，从而提高企业绿色创新绩效（崔小雨，2018）。韩庆潇等（2017）的研究结果表明，高管团队教育水平异质性会促进企业创新效率。古普塔（Gupta，2019）的研究表明，高管团队教育水平异质性与社会责任信息披露、企业财务绩效均显著正相关。基于此，提出假设 H1c：

H1c：高管团队教育水平异质性会对企业绿色创新绩效产生正向影响。

6.2.4　任期异质性与企业绿色创新绩效

任期是指高管在该企业高管团队中的任职时长。不同任期的高管在企业了解程度、企业认知、信息收集、决策思维、创新动力、环境敏感性等方面存在差异。

信息获取方面。随着时间的推移，高管会养成固定的习惯，建立常规的信息来源（Horbach & Jacob，2018）。因此，任期较长的高管获取信息的来源和信息量相对受限，而任期较短的高管往往带来了不一样的信息获取渠道（Finkelstein，2009；李冬伟，2017）。信息来源的多样性为企业提供更丰富的决策依据，有利于高管成员更加全面地审视问题，提高决策质量（崔小雨，2018）。

企业认知方面。不同任期的高管由于进入高管团队的时间不同，经历的企业发展阶段和事件不同，对企业文化、价值观、对各利益相关者义务的理解程度和看法也不同，这些不同的观点将被高管带入企业决策之中（孙德升，2009；李冬伟，2017）。

决策思维方面。任期较长的高管，一般多源自内部晋升，对企业的产品、市场和技术，以及人员、标准操作程序和文化等更为熟悉，能够从企业自身能力出发给出绿色创新意见，弥补任期较短高管对企业认知的不足，避免制定出不符合企业实际情况的绿色创新决策（孙德升，2009）。但是任期较长的高管，在制定决策时越可能更多地依据企业过去的经验，在可替代方案的生成和评估上提供了更为狭窄的参考框架（Herrmann，2005）。而任期较短的高管多是企业外聘人员，他们能够抛开情感依赖性，更能客观公正地对企业进行分析，发现企业存在不足，提出新建议寻找新机会。同时，他们能够参考的企业经验更多、思考角度也更为开放，思维局限较小，包容性更强，能够提出其他有建设性的意见，有利于绿色创新发展。

创新动力方面。任期较长的高管行为稳定性更强，会变得厌恶风险（陈忠卫，2009）。而任期较短的高管越不会受到现有企业的束缚，同时更有激情和动力进行创新，证明自己能够胜任所在的职位、为企业带来转变，因此，对绿色创新更为支持（Finkelstein，2009；钟熙，2019）。

企业内外部环境敏感度方面。任期较长的高管更关注企业内部，对内部环境变化更为敏感，而任期较短的高管更加开放，对企业外部环境变化更为敏感（Finkelstein，2009；钟熙，2019）。任期的差异使得企业更好地面对企业内外部环境变化，满足利益相关者的诉求。

通过上述分析，基于信息决策理论，如果企业高管团队任期异质性过小，企业内部观点会趋于一致，无法为企业绿色创新提供更好的想法和动力（崔小雨，2018）。高管团队任期异质性越高，团队成员提供的信息和视角越广泛，团队成员之间互相弥补，在沟通中完善决策，并产生新想法，在绿色创新方面更有激情和能力，进而提高企业绿色创新绩效（崔小雨，2018）。肖挺等（2013）的研究表明，高管团队任期异质性会促进商业模式创新绩效。李冬伟和吴菁（2017）的研究表明，高管团队任期异质性对企业社会责任有显著的正向影响。基于此，提出假设 H1d：

H1d：高管团队任期异质性会对企业绿色创新绩效产生正向影响。

6.2.5 职能背景异质性与企业绿色创新绩效

职能背景是指高管团队成员曾经在企业职能部门的工作经历（Carpenter，2001）。不同职能背景的高管拥有不同的知识体系，分析和判断事物、解决问题的方式也存在差异（Finkelstein，2009）。

信息获取方面。职能背景通常反映了高管人员的专业知识和技能，不同的职能背景意味着较少重叠的知识和技能，使团队拥有更广泛的资源池。同时，职能背景不同的高管关注的信息种类不同，并从不同途径获取有用信息，使高管成员之间相互补充（Herrmann，2005；Finkelstein，2009）。

思维方式方面。职能背景的不同导致了高管思维方式的差异。根据高管的职能背景发现，拥有生产、工程或研发等方面经验的高管，往往对技术研发创新更加重视，更倾向于从技术的角度解决问题，可能会在绿色技术创新方面投入更多的精力（Daellenbach，1999；吴梦云，2018；李利，2020）。而拥有销售、管理、财务等方面经验的高管，可能在组织架构、管理制度等方面的绿色管理创新上更有建设性意见，同时销售、管理活动等需要以市场为导向，相关职能背景的高管可能更加关注企业利益相关者的期望，以此增加和寻找新领域的机会（Daellenbach，1999）。

基于信息决策理论，高管团队职能背景的异质性越高，团队内获得的信息越多样化，思考方式、关注重点差异越大，高管借助不同的专业知识、从不同的视角进行分析和评估，同时，具有不同观点的高管之间的社会互动可以产生新的见解和观念的重构，从而激发绿色创新，增强绿色创新能力，提高企业绿色创新绩效（Daellenbach，1999；Ely，2004）。扎哈拉和威克洛德（Zahra & Wiklund，2010）、韩庆潇等（2017）的研究表明，高管团队职能背景异质性会促进企业创新。崔小雨等（2018）的研究表明，高管团队职能背景异质性有利于提高组织绩效。基于此，提出假设 H1e：

H1e：高管团队职能背景异质性会对企业绿色创新绩效产生正向影响。

6.3　企业环境战略的中介作用

高层梯队理论表明，高管团队特征可以通过战略选择影响企业绩效（Hambrick，1984），而企业环境战略是企业为遵守政府部门颁布的环境政策或实施自愿性环境治理，旨在降低企业生产经营活动对自然环境产生负面影响的战略规划，进而实现经营生产与生态环境互利共赢的长远发展目标。因此，本章引入企业环境战略作为中介变量，认为高管团队异质性会通过企业环境战略间接影响企业绿色创新绩效。

（1）高管团队异质性与企业环境战略

随着环境保护问题的日益严峻，企业不仅需要承担更多的环境责任，还需要将环境问题提高到企业的战略层面。企业高管团队是企业环境战略重要的制定者和推动者（Lee，2021）。根据高层梯队理论，高管的价值观、个性、认知、经历等会极大地影响他们对面临的情况的理解，进而影响他们的战略选择（Maccurtain，2010）。当高管团队成员的认知、意识形态或价值观等不同时，他们的战略行为可能会有所不同（Lee，2021）。高层团队制定的企业环境战略是团队成员和团队中表现出来的多种价值观、认知、观点等相互作用结果（Lee，2021）。因此，高管团队异质性带来的价值观、意识形态、认知、信息等多方面的差异可能会影响企业环境战略的决策过程。

学者对高管团队异质性与企业环境战略二者的影响关系进行了探讨，但研究非常有限。埃格里和赫尔曼（Egri & Herman，2000）的研究认为，负有环境责任的管理者的一些人口统计特征，如年龄、性别和教育，值得特别关注。余恕涛等（2017）的研究结果表明，任期异质性与环保战略显著正相关，年龄异质性和教育程度异质性与环保战略没有显著关系。李等（Lee et al.，2020）的研究发现，高管团队任期异质性、教育背景异质性对温室气体排放战略有显著的负面影响。从现有研究可以看出，高管团队异质性在一定程度上可以影响企业环境战略，但是高管团队异质性的不同维度对企业环境战略产生的结果可能存在差异，同时学者们关于高管团队异质性同一维度对企业环境战略影响的研究结论并不统一。

（2）企业环境战略与企业绿色创新绩效

企业环境战略是企业为减少其生产经营活动对自然环境产生的负面影响，围绕自然环境问题而形成的战略规划，反映了企业对环境责任的重视程度（姜雨峰，2014）。企业环境战略水平越高，即企业环境责任意识越高，将企业战略与环境问题的结合程度越强，越能够在企业行为中贯彻减少环境危害的原则。企业绿色创新是通过开发或改进产品、工艺、服务、管理体系等方式减少对环境的负面影响的过程（Tseng，2013）。政府监管的压力、媒体的关注、消费者环保意识的转变等各方面使企业面临着越来越大的环境保护压力，而这种环境压力也使得企业绿色创新成为企业获得可持续发展的重要工具之一。绿色创新不仅能减少企业生产经营活动造成的环境危害，还可以提高企业的竞争力和盈利能力（Chen，2006；Nadeem，2020）。企业绿色创新可以将环保理念融入企业产品的设计中，从而更好地与市场上其他的产品形成差异，并通过收取更高的价格为其绿色产品获得更高的利润。同时，企业还可以通过绿色创新节省材料，减少能源，废物回收和减少资源来提高资源生产率，不仅可以防止代价高昂的污染，而且可以减少资源费用和总体成本。通过绿色创新，企业还可以提高绿色形象，提高企业声誉（Chen，2008；Chang，2011）。因此，越来越多的企业倾向于绿色创新，因为绿色创新可以实现环境效益和经济效益的双赢（姜雨峰，2014）。企业环境战略水平越高，企业会投入越多的资源在环境保护方面寻求突破，同时考虑到企业的经济利益，企业越会倾向于企业将绿色概念融入企业产品、工艺和管理流程之中，从而提高了企业的绿色创新绩效（李冬伟和张春婷，2017）。

企业绿色创新在环境保护上发挥的作用开始受到学者们的关注，一些学者就企业环境战略与企业绿色创新之间的关系展开了研究。里德兹克（Ryszko，2016）意识到企业实施自愿环境行动与绿色技术创新有关，结果显示积极主动的环境战略对绿色技术创新具有很强的积极作用。蔡和廖（Tsai & Liao，2017）研究结果显示，积极的环境战略对绿色创新有积极作用；同时，在较高的市场需求和政府补贴下，企业更有可能采取积极的环境战略来改善绿色创新。杨等（2019）认为当企业采取积极的环境战略时，他们会积极寻找新技术和创新的商业模式，以减少或消除运营浪费和污染，并开发新的生态友好型产品，其实证结果显示积极主动的环境战略可以促进创新能力。国内学者在相关研究中也探讨了二者之间的影响关系，潘楚林和田虹（2016）的研究结果表明，采用前瞻型环境战略的企业可以提高企业绿色创新绩效。

李冬伟和张春婷（2017）的研究表明，积极的环境战略有助于提升企业的绿色产品创新、绿色工艺创新和绿色管理创新，环境战略可以通过转化为内在的绿色创新能力，提升绿色形象的路径。目前学者们关于企业环境战略与企业绿色创新的研究结论较为统一，即积极的环境战略有助于企业绿色创新。

（3）企业环境战略的中介作用

基于以上分析，本章认为高管团队异质性会对企业环境战略产生影响，而企业环境战略会对企业绿色创新绩效产生正向影响。结合高层梯队理论，本章认为，高管团队异质性与企业绿色创新绩效之间的影响关系可能受到企业环境战略的中介作用。

在高层梯队理论中，主要的理论模型探讨了管理团队特征对战略选择的影响，并通过这些战略选择影响企业绩效。高管团队应表现出对其战略角色的意识和敏感度，不仅要为企业设定未来方向，还要引导企业实现这一方向（Oduor，2018）。因此，高管团队通过战略决策制定和执行来影响企业发展。高管团队特征反映了高管团队的经验、价值观和个性等，通过影响企业可执行战略的制定来影响企业绩效（Lee，2021）。基于异质性视角，高管团队异质性带来的认知基础、价值观等方面的差异会影响企业战略决策的制定，从而对企业绩效产生影响。已有学者通过实证研究验证了企业战略在高管团队异质性与企业绩效中的中介作用。奥尔森等（2006）的研究发现，高管团队职能背景异质性通过企业创新和并购的战略选择影响企业绩效。塔克等（2010）的研究表明，高管团队异质性会通过促进创新战略来提高企业创新和企业绩效。特里亚纳等（Triana et al.，2019）的研究表明，高管团队性别异质性会通过战略变革来改善企业绩效。李等（2021）的研究表明，高管团队教育背景异质性和任期异质性会通过温室气体排放战略负向影响企业绩效。综上所述，基于高层梯队理论、企业战略中介作用的现有研究，以及高管团队异质性与企业环境战略、企业环境战略与企业绿色创新绩效的影响关系，本章认为，高管团队异质性会通过企业环境战略的制定影响企业绿色创新绩效。

高管团队异质性的不同维度可能通过影响企业环境战略制定对企业绿色

创新绩效产生不同影响。基于信息决策理论，本章认为，高管团队的性别异质性、教育水平异质性、任期异质性、职能背景异质性提供了不同的价值观、认知、知识、决策风格、专业观点等，有助于制定更全面、更高质量的企业环境战略，间接提高企业绿色创新绩效。基于社会认同理论，本章认为，年龄异质性会减少高管团队成员之间的社会融合，产生冲突，阻碍高管团队达成环境战略共识，削弱了高管团队作出解决当前环境问题所需的重要决策的能力，降低了企业环境战略的质量和效率，间接对企业绿色创新绩效产生负面影响。基于此，本章提出假设：

H2：高管团队异质性会通过企业环境战略影响企业绿色创新绩效。

H2a：高管团队性别异质性会通过企业环境战略正向影响企业绿色创新绩效。

H2b：高管团队年龄异质性会通过企业环境战略负向影响企业绿色创新绩效。

H2c：高管团队教育水平异质性会通过企业环境战略正向影响企业绿色创新绩效。

H2d：高管团队任期异质性会通过企业环境战略正向影响企业绿色创新绩效。

H2e：高管团队职能背景异质性会通过企业环境战略正向影响企业绿色创新绩效。

6.4　研究设计

6.4.1　样本选择与数据来源

本章选取了 2015～2020 年 A 股制造业上市公司作为研究样本。原因如下：（1）2015 年 1 月 1 日，被称为史上最严的新《环境保护法》正式实施。

政府对环保的高度重视，公众环保意识的提高，使得企业内部管理者也开始关注自身对自然环境的影响，并采取相关行动。因此，2015 年是我国环保工作的新阶段。由于企业信息披露的时效性，目前只能收集到企业 2020 年发布的企业相关数据。因此，选取 2015~2020 年作为研究的时间区间。（2）制造业是国民经济的主体，是立国之本、兴国之器、强国之基。相对于其他产业，制造业由于其生产经营的特殊性，可能会对环境产生更多的污染，因此，当社会对环境保护提出更高要求时，制造业的压力更大，更有可能做出技术、管理上的转变。基于此，选择制造业作为研究对象，企业分类参考 2012 年证监会发布的《上市公司行业分类指引》。

为了保证研究企业数据的连续性和可靠性，本章对初始样本作了如下筛选：（1）剔除了 2015 年及之后上市的公司；（2）剔除了 ST、ST* 公司；（3）剔除 2015 年之后退市的公司。企业高管特征的数据主要来源于国泰安金融数据库（CSMAR），对于缺失的数据，通过新浪财经网、企业年报进行查找补充。企业绿色创新绩效的数据主要来自国家知识产权局官网（http：//pss - system. cnipa. gov. cn/sipopublicsearch/）和国家认证认可监督管理委员会官网（http：//www. cnca. gov. cn/）。企业环境战略数据来自企业年报、企业社会责任报告、企业环境报告、企业官网、相关企业新闻。在剔除数据缺失的企业后，最终获得了 911 个企业样本，共 5 466 个观测值。

6.4.2　变量测量

（1）自变量

本章的自变量为高管团队异质性，如前文所述，包括性别异质性、年龄异质性、教育水平异质性、职能背景异质性、任期异质性五个维度。

对于性质不同的变量，学者们通常会采用不同的方式衡量团队异质性（Camelo - Ordaz，2005）。从学者们的研究来看，常用的测量方法主要有以下两种。

第一，对于数值型变量，如年龄、任期时长等，学者们一般使用变异系数（标准差除以平均值）来测量（Camelo – Ordaz，2005），计算公式见式（6.1）。测量数值型变量差异的指标还有标准差和方差等，但艾利森（Allison，1978）比较不同测量指标后指出，变异系数是一个比例恒定的测量指标，优于标准差和方差。

$$C.V = \frac{S}{\bar{X}} \tag{6.1}$$

其中，S 为标准差，$\bar{X}$ 为平均值，变异系数（$C.V$）的值越大，表明团队异质性程度越高。

第二，对于分类变量，如性别、种族、职业背景等，学者们一般常用 Blau 指数（又称 Herfindal 系数）来测量（Camelo – Ordaz，2005），该方法最早由布劳（Blau，1997）提出测量团队异质性，计算公式见式（6.2）。

$$H = 1 - \sum_{i=1}^{n} p_i^2 \tag{6.2}$$

其中，n 表示种类的数量，p_i 表示第 i 种类别的成员数量占团队成员数量的比重。Blau 指数的值的范围为 0 ~ 1，值越大，表示团队异质性程度越高。

基于上述标准，本章的五个异质性维度的测量如下：

①性别异质性。

性别异质性指高管团队成员性别的差异。性别使用虚拟变量表征，男性记为 1，女性记为 0。性别为分类变量，和张兆国等（2018）、李端生和王晓燕（2019）一样，本章通过 Blau 指数计算性别异质性，由于只有男性和女性两种类别，故当男性高管和女性高管数量相等时，性别异质性的最大值为 0.5。

②年龄异质性。

年龄异质性指高管团队成员在年龄方面的差异。年龄为数值型变量，和张兆国等（2018）、李端生和王晓燕（2019）的一样，本章采用变异系数的大小表示年龄异质性的大小。变异系数的值越大，说明高管团队年龄异质性越高。

③教育水平异质性。

教育水平异质性指高管团队成员在教育水平方面的差异。本章将高管的教育水平分为五类：1 表示高中及以下学历，2 表示大专学历，3 表示本科学历，4 表示硕士学历，5 表示博士学历。大多数学者使用 Blau 指数测量教育水平的异质性，教育水平虽然是分类变量，但其是有序的，由高中及以下到博士学历水平逐渐增高，和专业、职能背景等性质有所差异。教育水平之间的差异，例如，大专学历和本科学历之间的差距明显大于大专学历和博士学历之间的差距，因此，在这种情况下，本章认为相较于 Blau 指数的计算方法，变异系数的计算方法更能反映出团队内教育水平的差异。参考古普塔（2019）的方法，本章采用变异系数测量教育水平异质性，数值越大，表明高管团队教育水平异质性越大。

④职能背景异质性。

职能背景异质性指高管之前从事的企业职能岗位的差异。参考达伦巴奇等（Daellenbach et al.，1999）的分类，本章将职能背景分为两类；1 表示技术性职能背景，包括生产和研发岗位；0 表示支持性职能背景，包括管理、人力资源、市场、财务、金融、法律等岗位。职能背景是分类变量，和达伦巴奇等（1999）、李端生和王晓燕（2019），本章采用 Blau 指数计算职能背景异质性，高管团队职能背景异质性最大时为 0.5。

⑤任期异质性。

任期异质性指高管在该企业高管团队中任职时长的差异，任期时长以月为单位。任期为数值型变量，因此，和张兆国等（2018）、李端生和王晓燕（2019）、李等（Lee et al.，2021）一样，采用变异系数进行测量，数值越大，表明高管团队任期异质性越大。

（2）因变量

如前文所述，本章参考李等（2018）、阿巴斯和萨格森（Abbas & Sağsan，2019）、齐（2021）等的研究，认为企业绿色创新可以分为：企业绿色技术创新和企业绿色管理创新。

企业绿色技术创新绩效。目前关于绿色技术创新绩效的测量，主要包括有两种方法：第一是采用问卷调查（Chen，2006；Chiou，2011；Abbas & Sağsan，2019），但是这种方法往往主观性较强（方婷婷，2020）；第二是采用绿色专利申请量测量绿色技术创新绩效，这种方法较为客观，并且数据收集较为方便（Chen, 2006; Li, 2018; 王晓祺, 2020; Qi, 2021）。因此, 本章采用绿色专利申请量测量企业绿色技术创新绩效, 若企业当年拥有至少一项绿色专利申请, 则认为有绿色技术创新; 若企业当年没有绿色专利申请, 则认为无绿色技术创新（Li, 2018）。参考王晓祺和胡国强（2020）、齐等（2021）的方法, 本章以世界知识产权组织（WIPO）发布的 IPC 绿色清单（IPC Green Inventory）作为绿色专利的分类标准, 该清单由 IPC 联盟专家委员会开发, 有助于识别与对环境友好的技术。IPC 绿色清单包括替代能源生产、节能减排、核发电、运输、农业/林业、废物管理、行政/监管或设计方面等七大主题, 并罗列了详细的 IPC 分类号, 方便查找。本章在国家知识产权局官网中搜索该企业当年申请的专利, 将申请专利的 IPC 分类号与世界知识产权组织（WIPO）发布的 IPC 绿色清单进行比对, 确定企业当年是否申请了绿色专利, 从而确定企业是否进行了绿色技术创新。

企业绿色管理创新绩效。企业可以通过实施与环境相关的管理政策和系统来实现绿色管理创新目标（Abbas, 2019）。ISO 14001 为希望建立、实施、维护和改善环境管理体系的组织提供了帮助, 已被越来越多的企业采用, 并在世界范围内获得了很高的知名度, 成为最受认可的环境管理体系（Abbas, 2019）。参考李等（2018）、齐等（2021）的方法, 本章根据企业当年是否通过 ISO 14001 认证来衡量绿色管理创新绩效, 若通过 ISO 14001 认证则认为进行了绿色管理创新, 若无则没有进行绿色管理创新。ISO 14001 认证信息通过国家认证认可监督管理委员会（CNCA）官网查询。国家认证认可监督管理委员会是我国统一管理、监督和综合协调全国认证认可工作的主管机构, 在其官网中披露了企业认证的相关信息, 包括强制性产品认证、管理体系认证、服务认证、自愿性产品认证、食品农产品认证结果等, 信息全面且权威。

综上所述, 当企业拥有绿色技术创新或绿色管理创新时, 则认为企业进行了绿色创新, 企业绿色创新绩效的值为 1; 若企业既没有绿色技术创新, 也没有绿色管理创新, 则认为企业没有进行绿色创新, 企业绿色创新绩效的值为 0。

（3）中介变量

目前关于企业环境战略的测量大部分是采用问卷调查的方式, 但此方法不能很好地解决社会称许性的问题（杨德锋，2012；潘楚林，2016；张根明，2019）。此外，还有一些学者采用内容分析法测量企业环境战略，根据企业披露的信息，如企业社会责任报告、企业年报等，提取相关信息进行打分（李冬伟和张春婷，2017；王丽萍，2021）。本章参考衣凤鹏和徐二明（2014）、李冬伟和张春婷（2017）的方法对企业相关环境信息进行量化，以此衡量企业环境战略。本章主要借鉴巴内吉（2002）提出的量表测量企业环境战略，具体测量题项如表6.2所示。共包含五个题项，每个题项1分，若企业实践符合题项得1分，不符合得0分，企业环境战略得分为五个题项的总分，取值为0~5的整数，分数越高，企业环境战略水平越高。

表6.2 企业环境战略测量题项

题项序号	内容	题项来源
Env1	企业已将环境问题纳入战略规划	巴内吉（Banerjee，2002）
Env2	企业将环境目标与企业其他目标联系在一起	
Env3	企业的质量管理包括减少对环境的影响	
Env4	企业开发对环境友好的产品和工艺	
Env5	企业研发中会考虑环境问题	

资料来源：Banerjee（2002）.

（4）控制变量

综合学者们的研究，本章选取了高管团队规模、企业规模、企业盈利能力、企业性质、行业性质作为本章的控制变量。

高管团队规模。高管团队规模可能会影响决策过程，一方面，相较于大规模的团队，小规模的团队更加具有凝聚力，大规模团队的沟通和合作问题可能更多；另一方面，高管团队规模越大，观点的异质性、价值导向异质性可能越大（Alexiev，2010；姚振华，2010）。因此，本章通过高管人员人数来衡量高管团队规模（Alexiev，2010）。

企业规模。一般来说，企业规模越大，进行绿色创新的可能性越大和程度就越高，这是因为规模较大的企业拥有更多的资源和能力，同时，还可能是因为它们更高的公众知名度以及所面临的来政府、公众的相应压力（Hojnik，2016）。此外，有学者指出，规模较大的企业往往结构更加正式，内部的官僚氛围更加浓厚，也可能导致缺乏创新的灵活性（Alexiev，2010）。本章以企业期末总资产的对数来衡量企业规模（Qi，2021；Ma，2021）。

企业盈利能力。企业盈利能力的好坏可能会影响企业决策，盈利能力好的公司可以有更多的资金进行绿色创新（李华晶，2006）。本章选择净资产收益率来表示企业盈利能力（李端生，2019）。

企业性质。依据企业所有权，将企业性质划分为国有企业和非国有企业。国家赋予了国有企业更多的促进社会可持续发展的使命，因此，国有企业可能会更加重视环境保护，并进行绿色创新（李华晶，2006；Li，2018）。本章使用虚拟变量表征企业性质，1 表示国有企业，0 表示非国有企业。

行业性质。本章根据环保部 2008 年发布的《上市公司环保核查行业分类管理名录》将行业性质划分为重污染行业和非重污染行业。与非重污染行业相比，重污染行业的企业造成的环境污染更严重，面临的社会压力更大，可能会影响企业环境战略制定和绿色创新（吴德军，2011）。本章使用虚拟变量表征行业性质，1 表示重污染企业，0 表示非重污染企业。

本章研究变量汇总如表 6.3 所示。

表 6.3　研究变量汇总

变量类型	变量名称	变量符号	测量方法
自变量	性别异质性	$Hgen$	Blau 指数，1 = 男性，0 = 女性
	年龄异质性	$Hage$	变异系数
	教育水平异质性	$Hedu$	变异系数，1 = 高中及以下，2 = 大专，3 = 本科，4 = 硕士，5 = 博士
	任期异质性	$Hten$	变异系数
	职能背景异质性	$Hfun$	Blau 指数，技术性职能背景 = 1，支持性职能背景 = 0

续表

变量类型	变量名称	变量符号	测量方法
因变量	企业绿色创新绩效	*Ginn*	1 = 有绿色创新（有绿色技术创新或绿色管理创新），0 = 无绿色创新（绿色技术创新或绿色管理创新都无）； 绿色技术创新绩效：是否申请绿色专利；绿色管理创新绩效：是否通过 ISO 14001 认证
中介变量	企业环境战略	*Envs*	测量题项的总分，取值为 0 ~ 5 范围的整数
控制变量	高管团队规模	*Tmtsize*	高管团队人数的对数
	企业规模	*Size*	企业期末总资产的对数
	企业盈利能力	*Roe*	净资产收益率 = 净利润/[（本年期初净资产 + 本年期末净资产）/2]
	企业性质	*Property*	1 = 国有企业，0 = 非国有企业
	行业性质	*Industry*	1 = 重污染企业，0 = 非重污染企业

资料来源：本书整理。

6.4.3 模型构建

在分析高管团队异质性与企业绿色创新绩效、企业环境战略与企业绿色创新绩效之间的影响关系时，被解释变量为企业绿色创新绩效，由于企业绿色创新绩效为二分类变量，取值为 0 和 1，不能使用多元线性回归分析，因此，本章采用二元 Logistic 回归（陈强，2014）。在分析高管团队异质性与企业环境战略的影响关系时，被解释变量为企业环境战略，由于企业环境战略的取值为 0、1、2、3、4、5，分数越高，环境战略水平越高，企业环境战略是有序分类变量，因此本章采用有序 Logistic 回归（陈强，2014）。

模型 1 为高管团队异质性和企业绿色创新绩效的回归模型，用于对本章的总效应进行检验。

模型 1：

$$\ln\frac{P(Ginn=1)}{P(Ginn=0)} = \alpha + \beta_1 Hgen + \beta_2 Hage + \beta_3 Hedu + \beta_4 Hten + \beta_5 Hfun +$$
$$\beta_6 Tmtsize + \beta_7 Size + \beta_8 Roe + \beta_9 Property + \beta_{10} Industry + \varepsilon$$

$P(Ginn=1)$ 为绿色创新绩效等于 1 的概率，$P(Ginn=0)$ 表示绿色创新绩效等于 0 的概率，α 为截距项，β_i 为通过最大似然估计得出的各自变量的系数值，ε 表示残差。

为了研究企业环境战略的中介效应，构建模型 2 和模型 3，模型 2 为高管团队异质性与企业环境战略的回归模型，模型 3 为加入中介变量企业环境战略后，高管团队异质性、企业环境战略与企业绿色创新绩效的回归模型。

模型 2：

$$\ln\frac{P(Envs\leqslant j)}{1-P(Envs\leqslant j)}=\alpha_j+\beta_1 Hgen+\beta_2 Hage+\beta_3 Hedu+\beta_4 Hten+\beta_5 Hfun+$$
$$\beta_6 Tmtsize+\beta_7 Size+\beta_8 Roe+\beta_9 Property+\beta_{10} Industry+\varepsilon$$

$j=0$，1，2，3，4，5，$P(Ginn\leqslant j)$ 表示发生企业环境战略分数小于等于 j 的概率，α_j 为截距项，β_j 为通过最大似然估计得出的各自变量的系数值，ε 表示残差。

模型 3：

$$\ln\frac{P(Ginn=1)}{P(Ginn=0)}=\alpha+\beta_1 Hgen+\beta_2 Hage+\beta_3 Hedu+\beta_4 Hten+\beta_5 Hfun+\beta_6 Envs+$$
$$\beta_7 Tmtsize+\beta_8 Size+\beta_9 Roe+\beta_{10} Property+\beta_{11} Industry+\varepsilon$$

$P(Ginn=1)$ 为绿色创新绩效等于 1 的概率，$P(Ginn=0)$ 表示绿色创新绩效等于 0 的概率，α 为截距项，β_i 为通过最大似然估计得出的各自变量的系数值，ε 表示残差。

6.4.4　中介效应检验方法的比较

随着统计理论的发展，中介效应分析模型得到了长足的发展（温忠麟，2014）。以往关于中介效应的研究都是针对自变量、中介变量、因变量都是连续变量的情况，可以使用常见的逐步检验回归系数的方法进行分析。若自变量为分类变量，中介变量和因变量为连续变量，则可将自变量转换成虚拟变量，自变量与因变量、自变量与中介变量的回归分析就可以采用连续变量的回归方法，中介效应的分析与全部为连续变量时的处理方法相同（温忠麟，

2014）。而对于中介变量或因变量为分类变量的情况，学者们的研究相对较少（温忠麟，2014）。马克金农（MacKinnon，2008）、亚科布奇（Iacobucci，2012）、刘红云等（2013）、方杰等（2017）指出，当中介变量或因变量为分类变量时，可以采用适用于分类变量的回归（例如，Logistic 回归）代替通常的线性回归，但此时不同的回归模型得到的变量的回归系数并不在同一尺度上，因此，不能简单采用处理连续变量中介效应分析方法直接将回归系数比较分析。目前关于中介变量或因变量为分类变量时中介效应的检验方法主要有两种，分别是亚科布奇（2012）的检验 $Z_a \times Z_b$ 显著性和刘红云等（2013）的检验 ab^{std} 显著性，其主要思想都是相同的，即将不同的回归模型得到的回归系数进行标准化，使系数在同一尺度，然后通过系数乘积法检验中介效应的显著性。

中介变量或因变量为分类变量的中介模型共有多种，亚科布奇（2012）、刘红云等（2013）、方杰等（2017）以常见的因变量为二分类变量、自变量和中介变量是连续变量的情况为例，详细介绍了分类变量的中介效应分析方法，并推广到中介变量为分类变量、因变量是多分类变量等多种情况。以 X 表示自变量，Y 表示因变量，M 表示中介变量，因变量 X 和中介变量 M 为连续变量，因变量 Y 为二分类变量，构建方程（6.3）~方程（6.7）。由于因变量 Y 为二分类变量，方程（6.3）、方程（6.4）采用二元 Logistic 回归，方程（6.5）采用线性回归。

$$Y' = i_1 + cX + \varepsilon_1 \tag{6.3}$$

$$M = i_{2j} + aX + \varepsilon_2 \tag{6.4}$$

$$Y'' = i_3 + c'X + bM + \varepsilon_3 \tag{6.5}$$

$$Y' = LogitP(Y = 1 \mid X) = \ln \frac{P(Y = 1 \mid X)}{P(Y = 0 \mid X)} \tag{6.6}$$

$$Y'' = LogitP(Y = 1 \mid M,\ X) = \ln \frac{P(Y = 1 \mid M,\ X)}{(Y = 0 \mid M,\ X)} \tag{6.7}$$

马克金农和德威尔（Mackinnon & Dwyer，1993）、马克金农（2008）、方杰等（2017）的研究指出，在普通线性回归中，因变量的方差是能观察到的，并且在模型之间是恒定的，而在 Logistic 回归中，因变量的方差无法直接观察，为此，学者们将 Logistic 回归的残差的方差固定为 $\pi^2/3$ 来修正未观察到的因变量，从而确定因变量的方差。因为在 Logistic 回归中残差是固定的，所以因变量的方差取决于预测的程度，而预测的程度取决于模型中的自变量，在 Logistic 回归方程（6.3）、方程（6.5）中自变量是不同的，所以 Logistic 回归方程（6.3）的因变量 Y'、方程（6.5）的因变量 Y'' 的方差不同，即变量的 Logistic 回归方程（6.3）、方程（6.5）的尺度不同。线性回归方程（6.4）中的回归系数为连续变量的量尺，而 Logistic 回归方程（6.3）、方程（6.5）为 Log 量尺，因此，Logistic 回归方程（6.3）、方程（6.4）、方程（6.5）的回归系数均不在同一尺度上。不同方程得到的回归系数尺度不同，不具有可比性，因此需要通过标准化将回归系数转化为同一尺度。

（1）检验 $Z_a \times Z_b$ 显著性的中介效应方法

亚科布奇（2012）提出通过检验 $Z_a \times Z_b$ 显著性的方法检验中介效应。步骤如下：

第一步，将回归系数标准化。

亚科布奇（2012）指出，在线性回归方程（6.4）是通过 t 检验来回归系数 a 的显著性，$t = a/SE(a)$，$SE(a)$ 表示回归系数 a 对应的标准误，当有足够的样本使自由度等于或超过 30 时，可以将 t 检验视为 Z 检验，因此，$Z_a = a/SE(a)$。Logistic 回归方程（6.5）是通过 $Wald$ 的 $\chi^2 = (a_i/SE(a_i))^2$ 来检验变量的显著性，χ^2 的平方根 $b/SE(b)$ 是一个 t 统计量，与 χ^2 拥有相同的自由度，当有足够的样本使自由度等于或超过 30 时，可以将 t 检验视为 Z 检验，因此，$Z_b = b/SE(b)$。将方程（6.4）、方程（6.5）回归系数 a、b 转换为 Z_a、Z_b 后，Z_a、Z_b 在同一尺度上。

第二步，检验 $Z_a \times Z_b$ 的显著性。

使用系数乘积法用来检验中介效应的显著，就是检验 $Z_a \times Z_b$ 的显著性。

首先，计算 $Z_a \times Z_b$ 的值，计算公式为：

$$Z_{a \times b} = Z_a \times Z_b \tag{6.8}$$

其次，计算 $Z_a \times Z_b$ 对应的标准误为：

$$SE(Z_{a \times b}) = \sqrt{Z_a^2 + Z_b^2 + 1} \tag{6.9}$$

最后，检验 $Z_a \times Z_b$ 的显著性，检验统计量 Z_m 计算如下：

$$Z_m = \frac{Z_{a \times b}}{SE(Z_{a \times b})} = \frac{Z_a \times Z_b}{SE(Z_{a \times b})} = \frac{Z_a \times Z_b}{\sqrt{Z_a^2 + Z_b^2 + 1}} \tag{6.10}$$

根据 Z_m 统计量的值判断中介效应是否显著。

亚科布奇（2012）指出，无论自变量、因变量、中介变量是连续变量还是分类变量，都可以用检验 $Z_a \times Z_b$ 显著性的方法进行中介效应分析，此方法具有更广泛的适用性。若中介变量 M 和因变量 Y 均为分类变量，则方程（6.3）、方程（6.4）、方程（6.5）均可采用 Logistic 回归，回归系数的标准化方法相同，即将 t 检验视为 Z 检验，Z 等于回归系数除以相应的标准误。

（2）检验 ab^{std} 显著性的中介效应方法

刘红云等（2013）提出，可以通过检验 ab^{std} 显著性的方法来检验中介变量或因变量为分类变量的中介效应。步骤如下：

第一步，进行回归系数的标准化。刘红云等（2013）参考马克金农和德威尔（1993）、马克金农（2008）的建议，通过标准化使回归系数在同一尺度。回归方程中标准化回归系数等于回归系数乘以对应自变量的标准差再除以对应因变量的标准差，公式如下：

$$a^{std} = a \cdot \frac{SD(X)}{SD(M)} \tag{6.11}$$

$$b^{std} = b \cdot \frac{SD(M)}{SD(Y'')} \tag{6.12}$$

$$c^{std} = c \cdot \frac{SD(X)}{SD(Y')} \tag{6.13}$$

$$c'^{std} = c' \cdot \frac{SD(X)}{SD(Y'')} \tag{6.14}$$

a^{std}、b^{std}、c^{std}、c'^{std} 表示标准化后的回归系数。$SD(X)$、$SD(M)$、$SD(Y')$、$SD(Y'')$ 表示 X、M、Y'、Y'' 的标准差，$SD(X)$、$SD(M)$、$Var(X)$、$Var(M)$ 可由原始数据计算得出。$SD(Y')$、$SD(Y'')$ 可通过计算相应的方差 $Var(Y'')$、$Var(Y'')$ 开方得出，方差计算方法如下：

$$Var(Y') = Var(cX + \varepsilon_1) = c^2 Var(X) + \frac{\pi^2}{3} \tag{6.15}$$

$$Var(Y'') = Var(c'X + bM + \varepsilon_3) = c'^2 Var(X) + b^2 Var(M) + 2c'b Cov(X, M) + \frac{\pi^2}{3} \tag{6.16}$$

其中，$\dfrac{\pi^2}{3}$ 是 Logistic 回归的残差方差。

第二步，计算标准化回归系数对应的标准误，标准化方法为回归方程中回归系数对应的标准误乘以对应自变量标准差再除以对应因变量标准差，公式方法如下：

$$SE(a^{std}) = SE(a) \cdot \frac{SD(X)}{SD(M)} \qquad (6.17)$$

$$SE(b^{std}) = SE(b) \cdot \frac{SD(M)}{SD(Y'')} \qquad (6.18)$$

$$SE(c^{std}) = SE(c) \cdot \frac{SD(X)}{SD(Y')} \qquad (6.19)$$

$$SE(c'^{std}) = SE(c') \cdot \frac{SD(X)}{SD(Y'')} \qquad (6.20)$$

$SE(a^{std})$、$SE(b^{std})$、$SE(c^{std})$、$SE(c'^{std})$ 为标准化后的标准误。

第三步，检验 ab^{std} 的显著性。

中介效应的显著性检验可以采用系数乘积法（检验 ab^{std}）或系数差异法（检验 $c^{std} - c'^{std}$），但是刘红云（2013）的研究表明相比于系数差异法，系数乘积法能够进行更加准确的估计参数和标准误，得到的中介效应结果更加接近于真实值。因此，其建议采用系数乘积法来估计中介效应的显著性。乘积系数法的步骤如下：

首先，通过第一步得到标准化的回归系数 a^{std}、b^{std} 来计算 ab^{std}，ab^{std} 就是中介效应的估计值，计算公式如下：

$$ab^{std} = a^{std} \cdot b^{std} \qquad (6.21)$$

其次，将第二步计算得到的标准化回归系数 $SE(a^{std})$、$SE(b^{std})$ 的标准误代入索贝尔（Sobel, 1982）的公式中，计算 ab^{std} 的标准误 $SE(a^{std})$：

$$SE(ab^{std}) = \sqrt{(a^{std})^2\left[SE(b^{std})\right]^2 + (b^{std})^2\left[SE(a^{std})\right]^2} \qquad (6.22)$$

最后，利用 Sobel 检验中介效应 ab^{std} 是否显著，检验统计量为：

$$Z_m = ab^{std} / SE(ab^{std}) \qquad (6.23)$$

根据 Z_m 的值判断中介效应是否显著。

在正态性的假设下，中介效应的置信区间：

$$\left[ab^{std} - Z_{m_{a/2}} \cdot SE(ab^{std}), \ ab^{std} + Z_{m_{a/2}} \cdot SE(ab^{std}) \right]。$$

刘红云等（2013）指出，若因变量为有序分类变量时，则方程（6.5）采用有序 Logistic 回归，回归系数的标准化方法与因变量为二分变量时相同；当中介变量为分类变量时，则方程（6.4）采用 Logistic 回归，标准化的方法与方程（6.3）、方程（6.5）中系数的标准化方法相同。因此，当中介变量或因变量中有二分类变量或者有序分类变量时，可以根据变量特性选择合适的回归模型，并通过检验 ab^{std} 显著性检验中介效应的显著性。

以上两种方法可以对中介变量或因变量为分类变量时的中介效应进行检验。此外，相较于检验 ab^{std} 显著性，检验 $Z_a \times Z_b$ 显著性方法的步骤更简洁、运算量更小（方杰，2017）。

6.5　假设检验与结果分析

6.5.1　模型检验

（1）描述性分析

本章对研究涉及的变量进行描述性统计分析，见表 6.4。

表 6.4　　　　　　　　　　　　变量描述性统计

变量	平均值	标准差	最小值	最大值
Ginn	0.761	0.426	0.000	1.000
Envs	2.573	1.421	0.000	5.000
Hgen	0.203	0.190	0.000	0.500
Hage	0.109	0.048	0.000	0.318
Hedu	0.192	0.101	0.000	0.707
Hten	0.594	0.306	0.000	2.292

续表

变量	平均值	标准差	最小值	最大值
Hfun	0.287	0.187	0.000	0.500
Tmtsize	1.680	0.397	0.000	3.091
Size	22.279	1.155	19.138	27.468
Roe	0.061	0.133	-2.401	1.026
Property	0.286	0.452	0.000	1.000
Industry	0.439	0.496	0.000	1.000

资料来源：Stata 分析整理。

从表 6.4 可以看出，企业绿色创新绩效的平均值为 0.761，从总体来看大部分企业都进行了绿色创新。企业环境战略得分均值为 2.573，企业的环境战略水平一般，企业的环境责任意识还需要进一步提升；标准差为 1.421，表明不同企业之间的环境战略水平差异较大。性别异质性的均值为 0.203，现有企业高管团队还是多以男性为主导，女性占比低，导致企业的性别异质性较低；标准差为 0.190，说明不同企业之间性别异质性差距较小，高管团队性别构成较为类似。年龄异质性的均值为 0.109、最大值为 0.318、标准差为 0.048，表明在大多数企业中，高管团队成员的年龄差距较小，同时不同企业之间的年龄异质性差距很小。教育水平异质性的均值为 0.192、标准差为 0.101，说明团队成员的教育水平较为接近，异质性较低，并且不同企业之间的教育水平异质性差距较小。任期异质性均值为 0.594，不同高管进入企业高管团队的时间相差较大，高管团队任期异质性最大值为 2.292。职能背景异质性均值为 0.287、最大值为 0.5，职能背景异质性处于中等水平。企业在规模、高管团队规模差异较大，在盈利能力方面差异较小。

（2）相关性分析

本章对研究变量进行了相关性分析，初步判断变量之间的关系，相关性分析结果见表 6.5。相关性系数的绝对值越大，表明变量间的相关性越强。相关性分析结果显示，绝大部分变量之间都存在显著的相关性，相关性系数绝对值最大值为 0.432，小于 0.8，说明变量之间不存在高度相关问题。

表6.5 相关性分析

变量	Ginn	Envs	Hgen	Hage	Hedu	Hten	Hfun	Tmtsize	Size	Roe	Property	Industry
Ginn	1.000											
Envs	0.432***	1.000										
Hgen	-0.041***	-0.067***	1.000									
Hage	-0.048***	-0.067***	0.141***	1.000								
Hedu	0.050***	0.005	0.036**	0.215***	1.000							
Hten	0.031**	0.068***	-0.003	0.171***	-0.018	1.000						
Hfun	0.117***	0.119***	-0.111***	0.024	0.006	0.042***	1.000					
Tmtsize	0.067***	0.153***	-0.021	0.158***	0.155***	0.221***	0.334***	1.000				
Size	0.056***	0.319***	-0.104***	-0.148***	-0.137***	0.108***	0.054***	0.262***	1.000			
Roe	0.003	0.063***	-0.005	-0.037**	0.011	-0.049***	0.039***	0.047***	0.134***	1.000		
Property	-0.009	0.110***	-0.199***	-0.274***	-0.207***	0.108***	0.095***	0.142***	0.376***	0.009	1.000	
Industry	-0.128***	0.071***	0.014	-0.045***	-0.019	-0.006	-0.083***	0.008	0.076***	0.060***	0.120***	1.000

注: ** 表示 $P < 5\%$, *** 表示 $P < 1\%$。
资料来源: Stata 分析整理。

（3）回归分析

为进一步检验高管团队异质性、企业环境战略、企业绿色创新绩效之间的关系，本章使用 Stata 16.0 软件对面板数据进行回归分析。首先，检验高管团队异质性与企业绿色创新绩效之间的影响关系（模型1），验证假设 H1a、H1b、H1c、H1d、H1e；其次，检验企业环境战略在高管团队异质性和企业绿色创新绩效之间的中介效应（模型2和模型3），验证假设 H2a、H2b、H2c、H2d、H2e。

①高管团队异质性与企业绿色创新绩效。

因为企业绿色创新为二分类变量，本章使用二元 Logistic 回归对高管团队异质性与企业绿色创新绩效之间的关系进行检验（模型1），通过 Hausman 检验后选择随机效应模型。二元 Logistic 回归结果见表6.6。

表 6.6　　高管团队异质性与企业绿色创新绩效的二元 Logistic 回归结果

Ginn	模型 1			
	系数	标准误	t 值	P 值
Hgen	-1.970	0.748	-2.63	0.008
Hage	-6.061	2.777	-2.18	0.029
Hedu	-0.927	1.394	-0.67	0.506
Hten	0.701	0.386	1.81	0.070
Hfun	1.716	0.739	2.32	0.020
Tmtsize	0.435	0.413	1.05	0.292
Size	0.494	0.185	2.67	0.008
Roe	0.856	0.665	1.29	0.198
Property	-1.046	0.484	-2.16	0.031
Industry	-1.196	0.468	-2.56	0.011
Constant	-2.032	4.006	-0.51	0.612
Prob > chi 2	0.000			
Loglikelihood	-1 204.01			

资料来源：Stata 分析整理。

从表 6.6 的结果可以看出，高管团队性别异质性的回归系数为 -1.970，P 值为 0.008，小于 0.01，表明性别异质性对企业绿色创新绩效产生显著负向影响，高管团队的性别差异越大，越有可能阻碍企业的绿色创新，假设 H1a 不成立。高管团队年龄异质性的回归系数为 -6.061，P 值为 0.029，小于 0.05，表明年龄异质性对企业绿色创新绩效产生显著负向影响，高管之间的年龄差异越大，代际冲突越大，在绿色创新上难以达成一致，影响了企业绿色创新的开展，假设 H1b 成立。高管团队教育水平异质性的 P 值为 0.506，大于 0.1，表明高管之间教育水平的差异不会影响绿色创新绩效，假设 H1c 不成立。高管团队任期异质性的回归系数为 0.701，P 值为 0.07，小于 0.1，表明任期异质性会对企业绿色创新绩效产生显著正向影响，高管之间的任期差距会给团队带来多元化的知识、观点，有助于提高企业的绿色创新，假设 H1d 成立。高管团队职能背景异质性的回归系数为 1.716，P 值为 0.02，小于 0.05，表明职能背景异质性会对企业绿色创新绩效产生显著正向影响，假设 H1e 成立，职能背景不同的高管在信息获取、认识事物、处理问题等方面存在差异，这种差异为高管团队处理企业发展相关问题提供了丰富的信息、不同的视角，有助于推动企业绿色创新。

②企业环境战略中介效应检验。

本章的中介变量企业环境战略和因变量企业绿色创新绩效都是分类变量，因此，采用亚科布奇（2012）提出的检验 $Z_a \times Z_b$ 显著性的方法对企业环境战略的中介效应进行分析，王宁（2019）的研究中也应用该方法对中介变量和因变量都是分类变量情况的中介效应进行了检验。王宁（2019）指出，如果自变量对因变量的影响不显著，则中介效应检验终止；如果自变量对因变量存在显著影响，则使用亚科布奇（2012）继续向下检验中介效应。因为高管团队教育异质性对企业绿色创新绩效不产生显著影响，因此，企业环境战略在高管团队教育水平异质性对企业绿色创新绩效影响中的中介效应分析终止，假设 H2c 不成立。

接下来，通过检验 $Z_a \times Z_b$ 显著性的方法对企业环境战略在高管团队性别异质性、年龄异质性、任期异质性、职能背景异质性与企业绿色创新绩效之间的中介效应进行检验，为以下三个步骤，第一步：根据模型 2 对高管团队异质性与企业环境战略进行回归分析，得到高管团队异质性的回归系数 a；第二步：根据模型 3，加入中介变量企业环境战略，对高管团队异质性、企业环境战略与企业绿色创新绩效进行回归分析，得到企业环境战略的回归系数 b、高管团队异质性的回归系数 c'；第三步：计算 Z_m 统计量判断中介效应：将得到的回归系数 a、回归系数 b 转换成 Z_a、Z_b，根据公式计算 Z_m 统计量判断中介效应的显著性，通过回归系数 c' 是否显著，判断是部分中介效应还是完全中介效应。具体分析如下：

第一步：高管团队异质性与企业环境战略的回归分析。

企业环境战略取值为 0~5 范围内的整数，分数越高表示环境战略水平越高。针对企业环境战略取值的特点，本章基于有序 Logistic 回归模型对高管团队异质性与企业环境战略之间的影响关系进行检验（模型 2）。有序 Logistic 回归结果见表 6.7。

表 6.7　　高管团队异质性与企业环境战略的有序 Logistic 回归结果

环境	模型 2			
	系数	标准误	t 值	P 值
Hgen	0.528	0.408	1.29	0.196
Hage	-3.405	1.413	-2.41	0.016
Hedu	-0.052	0.741	-0.07	0.944
Hten	0.502	0.172	2.92	0.003
Hfun	0.777	0.376	2.07	0.039
Tmtsize	-0.328	0.213	-1.54	0.124
Size	2.330	0.137	16.99	0.000
Roe	-1.118	0.334	-3.35	0.001
Property	-0.077	0.318	-0.24	0.809
Industry	0.864	0.378	2.28	0.022

续表

环境	模型 2			
	系数	标准误	t 值	P 值
$Envs = 0$	43.832	3.006		
$Envs = 1$	46.589	3.020		
$Envs = 2$	50.384	3.045		
$Envs = 3$	54.765	3.082		
$Envs = 4$	65.181	3.222		
$Prob > chi\ 2$	0.000			
$Loglikelihood$	$-4\ 347.2778$			

资料来源：Stata 分析整理。

从表 6.7 的结果可以看出，高管团队性别异质性的 P 值为 0.196，大于 0.1，表明性别异质性不会对企业环境战略产生影响。高管团队年龄异质性的回归系数为 -3.405，P 值为 0.016，小于 0.05，表明年龄异质性对企业环境战略产生显著负向影响。高管团队教育水平异质性的 P 值为 0.944，大于 0.1，表明高管之间教育水平的差异不会影响企业环境战略。高管团队任期异质性的回归系数为 0.172，P 值为 0.003，小于 0.01，表明任期异质性会对企业环境战略产生显著正向影响。高管团队职能背景异质性的回归系数为 0.376，P 值为 0.039，小于 0.05，表明职能背景异质性会对企业环境战略产生显著正向影响。

第二步：加入企业环境战略后，高管团队异质性与企业绿色创新绩效的回归分析。

本章采用二元 Logistic 回归对加入企业环境变量的高管团队异质性与企业绿色创新绩效的中介效应模型（模型 3）进行检验。通过 Hausman 检验后选择随机效应模型。二元 Logistic 回归结果见表 6.8。

表6.8 高管团队异质性、企业环境战略与企业绿色
创新绩效的二元 Logistic 回归结果

Ginn	模型 3			
	系数	标准误	*t* 值	*P* 值
Envs	1.648	0.141	11.73	0.000
Hgen	−2.067	0.698	−2.96	0.003
Hage	−7.840	2.634	−2.98	0.003
Hedu	0.044	1.318	0.03	0.973
Hten	0.592	0.356	1.66	0.096
Hfun	1.497	0.689	2.17	0.030
Tmtsize	0.455	0.386	1.18	0.238
Size	−0.281	0.167	−1.68	0.094
Roe	0.895	0.655	1.37	0.172
Property	−0.850	0.435	−1.96	0.051
Industry	−2.083	0.410	−5.08	0.000
Constant	9.111	3.544	2.57	0.010
Prob > chi 2	0.000			
Loglikelihood	−1 131.9735			

资料来源：Stata 分析整理。

从表6.8 的回归分析结果可以看出，加入中介变量企业环境战略后，高管团队性别异质性的回归系数为 −2.067，*P* 值为 0.003，小于 0.01；高管团队年龄异质性的回归系数为 −7.840，*P* 值为 0.003，小于 0.01，表明性别异质性、年龄异质性均会对企业绿色创新绩效产生显著负向影响。高管团队教育异质性的回归系数为 0.044，*P* 值为 0.973，大于 0.1，表明教育异质性不会对企业绿色创新绩效产生影响。高管团队任期异质性的回归系数为 0.592，*P* 值为 0.096，小于 0.1；高管团队职能背景异质性的回归系数为 1.497，*P* 值为 0.030，小于 0.05，表明任期异质性、职能背景异质性会对企业绿色创新绩

效产生显著正向影响。企业环境战略的回归系数为 1.648，P 值为 0.000，小于 0.01，表明企业环境战略会对企业绿色创新绩效产生显著正向影响。

第三步：根据检验 $Z_a \times Z_b$ 显著性的方法计算 Z_m 统计量，判断中介效应是否显著。

首先，计算 Z_a 值和 Z_b 值，Z_a、Z_b 等于 t 值，即 $Z_a = a/SE(a)$、$Z_b = b/SE(b)$。从表 6.7 高管团队异质性与企业环境战略的有序 Logistic 回归结果，可得性别异质性、年龄异质性、任期异质性、职能背景异质性对应的回归系数 a 和标准误 $SE(a)$，计算得到性别异质性：$Z_{aHgen} = 1.294$，年龄异质性：$Z_{aHage} = -2.409$，任期异质性：$Z_{aHten} = 2.918$，职能背景异质性：$Z_{aHfun} = 2.066$。表 6.8 为加入中介变量企业环境战略后，高管团队异质性与企业绿色创新绩效的二元 Logistic 回归结果，可得企业环境战略的回归系数 b 和标准误 $SE(b)$，计算得到企业环境战略：$Z_b = 11.7$。

其次，根据公式 $Z_m = \dfrac{Z_{a \times b}}{SE(Z_{a \times b})} = \dfrac{Z_a \times Z_b}{SE(Z_{a \times b})} = \dfrac{Z_a \times Z_b}{\sqrt{Z_a^2 + Z_b^2 + 1}}$ 计算相应的统计量，得出企业环境战略在性别异质性与绿色创新绩效的中介效应统计量：$Z_{mH2a} = 1.282$，企业环境战略在年龄异质性与绿色创新绩效的中介效应统计量：$Z_{mH2b} = -2.351$，企业环境战略在任期异质性与绿色创新绩效的中介效应统计量：$Z_{mH2d} = 2.821$，企业环境战略在职能背景异质性与绿色创新绩效的中介效应统计量：$Z_{mH2e} = 2.027$。

再次，根据 Z_m 值判断企业环境战略的中介效应是否显著，当 Z_m 统计量的绝对值大于 2.58 时，认为在 0.01 显著性水平上中介效应显著；Z_m 统计量的绝对值大于 1.96 时，认为在 0.05 显著性水平上中介效应显著。若 Z_m 统计量绝对值大于 1.645 时，认为在 0.1 显著性水平上中介效应显著。$Z_{mH2a} = 1.282$，小于 1.645，说明企业环境战略在高管团队性别异质性与企业绿色创新绩效之间不起中介作用，假设 H2a 不成立。$Z_{mH2b} = -2.351$，绝对值大于 1.96，说明企业环境战略在高管团队年龄异质性与企业绿色创新绩效之间起到中介作用，显著性水平为 0.05，假设 H2b 成立。$Z_{mH2d} = 2.821$，大于 2.58，说明企业环境战略在高管团队任期异质性与企业绿色创新绩效之间起到中介作用，显著性水平为 0.01，假设 H2d 成立。$Z_{mH2e} = 2.027$，大于 1.96，说明企业环境战略在高管团队职能背景异质性与企业绿色创新绩效之间起到中介作用，显著性水平为 0.05，假设 H2e 成立。

最后，判断企业环境战略起到完全中介作用还是部分中介作用。根据表 6.8 的结果，企业环境战略加入后，高管团队年龄异质性仍与企业绿色创新绩效负向显著，任期异质性、职能背景异质性仍与企业绿色创新绩效正向显著，可以判断企业环境战略在性别异质性、任期异质性、职能背景异质性对企业绿色创新绩效的影响中起到部分中介作用。

检验 $Z_a \times Z_b$ 显著性方法得到的中介效应检验结果汇总见表 6.9。

表 6.9　　　　　　中介效应显著性检验结果（检验 $Z_a \times Z_b$ 显著性）

	假设 H2a $Hgen \rightarrow Envs \rightarrow Ginn$	假设 H2b $Hage \rightarrow Envs \rightarrow Ginn$	假设 H2d $Hterm \rightarrow Envs \rightarrow Ginn$	假设 H2e $Hfun \rightarrow Envs \rightarrow Ginn$
a	0.528	-3.405	0.502	0.777
$SE(a)$	0.408	1.413	0.172	0.376
$Z_a = a/SE(a)$	1.294	-2.409	2.918	2.066
b	1.648	1.648	1.648	1.648
$SE(b)$	0.141	0.141	0.141	0.141
$Z_b = a/SE(a)$	11.688	11.688	11.688	11.688
$Z_m = \dfrac{Z_a \times Z_b}{\sqrt{Z_a^2 + Z_b^2 + 1}}$	1.282	-2.351	2.821	2.027
中介效应显著性	不显著	显著	显著	显著
完全/部分中介	—	部分中介	部分中介	部分中介

资料来源：Stata 分析整理。

从企业环境战略的中介效应分析结果来看，企业环境战略在性别异质性与企业绿色创新绩效之间不会起到中介的作用，而在年龄异质性、任期异质性、职能背景异质性与企业绿色创新绩效之间起到部分中介作用。

6.5.2　稳健性检验

为了验证分析结果是否可靠，本章采用替换计量模型的方法进行稳健性检验。对于二分类变量，除了可以使用二元 Logistic 回归，还可以使用二元 probit 回归（陈强，2014），因此，本章使用二元 probit 回归对高管团队异质性与企业绿色创新绩效、高管团队异质性和企业环境战略与企业绿色创新绩效之间的关系进行再次检验。对于高管团队异质性与企业环境战略之间的关系，本章采用 OLS 回归进行稳定性检验，刘红云等（2013）、方杰等（2017）指出，当因变量为有序分类变量时，随着变量类别数的增多，线性回归和 Logistics 回归差别越来越小，当类别数大于等于 5 个时，可以采用线性回归的方法进行分析，本章中企业环境战略取值为 0 ~ 5 的整数，共有 6 个类别。

（1）高管团队异质性与绿色创新绩效的回归分析

高管团队异质性与企业绿色创新绩效之间的二元 probit 回归结果见表 6.10。

表 6.10　　高管团队异质性与企业绿色创新绩效的二元 probit 回归结果

Ginn	模型 4			
	系数	标准误	t 值	P 值
Hgen	− 0. 990	0. 385	− 2. 57	0. 010
Hage	− 3. 235	1. 469	− 2. 20	0. 028
Hedu	− 0. 338	0. 726	− 0. 47	0. 642
Hten	0. 379	0. 204	1. 86	0. 062
Hfun	0. 901	0. 386	2. 33	0. 020
Tmtsize	0. 224	0. 213	1. 05	0. 294
Size	0. 239	0. 089	2. 68	0. 007
Roe	0. 457	0. 366	1. 25	0. 213

续表

Ginn	模型 4			
	系数	标准误	t 值	P 值
Property	−0. 539	0. 235	−2. 29	0. 022
Industry	−0. 423	0. 215	−1. 97	0. 049
Constant	−0. 615	1. 922	−0. 32	0. 749
Prob > chi 2	0. 000			
Loglikelihood	−1 203. 6478			

资料来源：Stata 分析整理。

从表 6. 10 的回归结果可以看出，高管团队性别异质性的回归系数为
−0. 990，P 值为 0. 010，小于 0. 05，表明性别异质性会显著负向影响企业绿
色创新绩效。高管团队年龄异质性的回归系数为 −3. 235，P 值为 0. 028，小
于 0. 05，表明年龄异质性显著正向影响企业绿色创新绩效。高管团队教育水
平异质性的回归系数为 −0. 338，P 值为 0. 642，表明教育水平异质性不会影
响企业绿色创新绩效。高管团队任期异质性的回归系数为 0. 379，P 值为
0. 062，小于 0. 1，表明任期异质性会显著正向影响企业绿色创新绩效。高管团
队职能背景异质性的回归系数为 0. 901，P 值为 0. 02，小于 0. 05，表明职能背景
异质性会显著正向影响企业绿色创新绩效。通过与前文对比可以看出，二元
probit 回归和二元 Logistic 回归得到的性别异质性、年龄异质性、教育水平异质
性、任期异质性、职能背景异质性与企业绿色创新绩效之间的影响关系结果相
同，表明本章研究得出的高管团队异质性对企业绿色创新绩效影响的结果可靠。

（2）企业环境战略的中介效应

因为高管团队教育水平异质性对企业绿色创新绩效不产生显著影响，因
此，企业环境战略在高管团队教育水平异质性对企业绿色创新绩效影响中的
中介效应分析终止。

本章使用刘红云等（2013）的检验 ab^{std} 显著性的方法继续对企业环境战
略在高管团队性别异质性、年龄异质性、任期异质性、职能背景异质性与企

业绿色创新绩效之间的中介效应进行检验。与 Logistic 回归不同的是，学者们将 probit 回归的残差的方差固定为 1，但检验 ab^{std} 显著性的流程相同（Mackinnon，2012）。检验为以下三个步骤，第一步：对高管团队异质性与企业环境战略进行回归分析，得到高管团队异质性回归系数 a；第二步：加入中介变量企业环境战略，对高管团队异质性、企业环境战略与企业绿色创新绩效进行回归分析，得到企业环境战略的回归系数 b、高管团队异质性回归系数 c'；第三步：计算 Z_m 统计量判断中介效应：将回归系数 a、b 转换成标准化系数 a^{std}、b^{std}；将回归系数 a、b 对应的标准误 $SE(a)$、$SE(b)$ 转换为标准化的标准误 $SE(a^{std})$、$SE(b^{std})$；根据 Sobel 检验公式计算 Z_m 统计量来检验 ab^{std} 是否显著；通过回归系数 c' 是否显著判断是部分中介效应还是完全中介效应。具体分析如下：

第一步：高管团队异质性与企业环境战略的回归分析。

高管团队异质性与企业环境战略的 OLS 回归结果见表 6.11。

表 6.11　　　　　　高管团队异质性与企业环境战略的 OLS 回归结果

环境	模型 5			
	系数	标准误	t 值	P 值
Hgen	0.137	0.084	1.63	0.103
Hage	−0.527	0.298	−1.77	0.077
Hedu	0.057	0.154	0.37	0.711
Hten	0.113	0.036	3.16	0.002
Hfun	0.196	0.077	2.55	0.011
Tmtsize	−0.074	0.044	−1.69	0.092
Size	0.475	0.023	20.40	0.000
Roe	−0.268	0.072	−3.73	0.000
Property	−0.080	0.064	−1.24	0.214
Industry	0.147	0.072	2.06	0.039
Prob > chi 2	0.000			

资料来源：Stata 分析整理。

从表6.11的回归结果中可以看出，高管团队性别异质性的 P 值为0.103，大于0.1，说明性别异质性不会对企业环境战略产生影响。高管团队年龄异质性的回归系数为 -0.527，P 值为0.077，小于0.1，表明年龄异质性会对企业环境战略产生显著负向影响。高管团队教育水平异质性的 P 值为0.711，大于0.1，表明教育水平异质性不会影响企业环境战略。高管团队任期异质性的回归系数为0.113，P 值为0.002，小于0.01，表明任期异质性会对企业环境战略产生显著正向影响。高管职能背景异质性的回归系数为0.196，P 值大小为0.011，小于0.05，表明职能背景异质性会对企业环境战略产生显著正向影响。通过与前文对比可以看出，OLS 回归得到的性别异质性、年龄异质性、教育水平异质性、任期异质性、职能背景异质性与企业环境战略的影响关系与有序 Logistic 回归得到的结果相同，表明本章研究得出的高管团队异质性对企业环境战略影响的结果可靠。

第二步：加入企业环境战略后，高管团队异质性与绿色创新绩效的回归分析。

加入企业环境战略后，高管团队异质性与企业绿色创新绩效之间的二元 probit 回归结果如表6.12所示。

表6.12　高管团队异质性、企业环境战略与企业绿色创新绩效的二元 probit 回归结果

Ginn	模型6			
	系数	标准误	t 值	P 值
Envs	0.810	0.070	11.53	0.000
Hgen	-1.171	0.388	-3.02	0.003
Hage	-4.435	1.465	-3.03	0.002
Hedu	0.038	0.729	0.05	0.958
Hten	0.347	0.196	1.77	0.076
Hfun	0.774	0.385	2.01	0.044
Tmtsize	0.273	0.210	1.30	0.195
Size	-0.151	0.091	-1.65	0.098
Roe	0.518	0.366	1.41	0.157
Property	-0.392	0.235	-1.67	0.095

续表

Ginn	模型 6			
	系数	标准误	t 值	P 值
Industry	-1.041	0.220	-4.72	0.000
Constant	5.092	1.924	2.65	0.008
Prob > chi 2	0.000			
Loglikelihood	-1 137.3184			

资料来源：Stata 分析整理。

从表 6.12 的回归结果可以看出，加入中介变量企业环境战略后，高管团队性别异质性的回归系数为 -1.171，P 值为 0.003，小于 0.01；高管团队年龄异质性的回归系数为 -4.435，P 值为 0.002，小于 0.01，表明性别异质性、年龄异质性会对企业绿色创新绩效产生显著负向影响。高管团队教育异质性的回归系数为 0.038，P 值为 0.958，大于 0.1，表明教育异质性不会对企业绿色创新绩效产生影响。高管团队任期异质性的回归系数为 0.347，P 值为 0.076，小于 0.1；高管团队职能背景异质性的回归系数为 0.774，P 值为 0.044，小于 0.05，表明任期异质性、职能背景异质性会对企业绿色创新绩效产生显著正向影响。企业环境战略的回归系数为 0.810，P 值为 0.000，小于 0.01，表明企业环境战略会对企业绿色创新绩效产生显著正向影响。通过对比可以看出，二元 probit 回归得到的性别异质性、年龄异质性、教育水平异质性、任期异质性、职能背景异质性、企业环境战略与企业绿色创新绩效的影响关系与二元 Logistic 回归结果相同，表明本章研究得出的高管团队异质性、企业环境战略对企业绿色创新绩效影响的结果稳定。

第三步：根据检验 ab^{std} 显著性方法计算 Z_m 统计量，判断中介效应是否显著。

首先，进行回归系数、标准误的标准化。

在 probit 回归模型中，因变量的方差也是无法直接观察，学者们将 probit 回归的残差的方差固定为 1 来修正未观察到的因变量。根据本章的原始数据，计算出各变量对应的标准差、方差和变量之间的协方差，如表 6.13 所示。

表 6.13　标准差、方差、协方差

名称	数值	名称	数值	名称	数值	名称	数值
SD(Envs)	1.421	Var(Property)	0.452	Cov(Hgen, Industry)	0.014	Cov(Hten, Property)	0.108
SD(Hgen)	0.190	Var(Industry)	0.496	Cov(Hage, Hedu)	0.215	Cov(Hten, Industry)	-0.006
SD(Hage)	0.050	Cov(Envs, Hgen)	-0.067	Cov(Hage, Hten)	0.171	Cov(Hfun, Tmtsize)	0.334
SD(Hedu)	0.101	Cov(Envs, Hage)	-0.067	Cov(Hage, Hfun)	0.024	Cov(Hfun, Size)	0.054
SD(Hten)	0.306	Cov(Envs, Hedu)	0.005	Cov(Hage, Tmtsize)	0.158	Cov(Hfun, Roe)	0.039
SD(Hfun)	0.187	Cov(Envs, Hten)	0.068	Cov(Hage, Size)	-0.148	Cov(Hfun, Property)	0.095
SD(Tmtsize)	0.397	Cov(Envs, Hfun)	0.119	Cov(Hage, Roe)	-0.037	Cov(Hfun, Industry)	-0.083
SD(Size)	0.155	Cov(Envs, Tmtsize)	0.153	Cov(Hage, Property)	-0.274	Cov(Tmtsize, Size)	0.262
SD(Roe)	0.133	Cov(Envs, Size)	0.319	Cov(Hage, Industry)	-0.045	Cov(Tmtsize, Roe)	0.047
SD(Property)	0.452	Cov(Envs, Roe)	0.063	Cov(Hedu, Hten)	-0.018	Cov(Tmtsize, Property)	0.142
SD(Industry)	0.496	Cov(Envs, Property)	0.110	Cov(Hedu, Hfun)	0.006	Cov(Tmtsize, Industry)	0.008
Var(Envs)	1.421	Cov(Envs, Industry)	0.071	Cov(Hedu, Tmtsize)	0.155	Cov(Size, Roe)	0.134
Var(Hgen)	0.190	Cov(Hgen, Hage)	0.141	Cov(Hedu, Size)	-0.137	Cov(Size, Property)	0.376
Var(Hage)	0.050	Cov(Hgen, Hedu)	0.036	Cov(Hedu, Roe)	0.011	Cov(Size, Industry)	0.076
Var(Hedu)	0.101	Cov(Hgen, Hten)	-0.003	Cov(Hedu, Property)	-0.207	Cov(Roe, Property)	0.009
Var(Hten)	0.306	Cov(Hgen, Hfun)	-0.111	Cov(Hedu, Industry)	-0.019	Cov(Roe, Industry)	0.060
Var(Hfun)	0.187	Cov(Hgen, Tmtsize)	-0.021	Cov(Hten, Hfun)	0.042	Cov(Property, Industry)	0.120
Var(Tmtsize)	0.397	Cov(Hgen, Size)	-0.104	Cov(Hten, Tmtsize)	0.221		
Var(Size)	0.155	Cov(Hgen, Roe)	-0.005	Cov(Hten, Size)	0.108		
Var(Roe)	0.133	Cov(Hgen, Property)	-0.199	Cov(Hten, Roe)	-0.049		

资料来源：Stata 分析整理。

根据表 6.13 中的数据，通过计算得出：

$$Var(Ginn'') = Var(a_{Hgen}Hgen + a_{Hage}Hage + a_{Hedu}Hedu + a_{Hten}Hten$$
$$+ a_{Hfun}Hfun + a_{Envs}Envs + a_{Tmtsize}Tmtsize + a_{Size}Size + a_{Roe}Roe$$
$$+ a_{Property}Property + a_{Industry}Industry + \varepsilon)$$
$$= 2.695449$$

从而得出 $SD(Ginn'') = 1.642$。

根据表 6.11 可得性别异质性、年龄异质性、任期异质性、职能背景异质性对应的回归系数 a 和标准误 $SE(a)$，根据表 6.12 可得环境战略的回归系数 b 和标准误 $SE(b)$，计算标准化的回归系数 a^{std}、b^{std} 和标准化回归系数对应的标准误 $SE(a^{std})$、$SE(b^{std})$。

标准化回归系数计算如下：

$$a_{Hgen}^{std} = a_{Hgen} \cdot \frac{SD(Hgen)}{SD(Envs)} = 0.137 \times \frac{0.190}{1.421} = 0.018$$

$$a_{Hage}^{std} = a_{Hage} \cdot \frac{SD(Hage)}{SD(Envs)} = -0.527 \times \frac{0.048}{1.421} = -0.018$$

$$a_{Hten}^{std} = a_{Hten} \cdot \frac{SD(Hten)}{SD(Envs)} = 0.113 \times \frac{0.306}{1.421} = 0.024$$

$$a_{Hfun}^{std} = a_{Hfun} \cdot \frac{SD(Hfun)}{SD(Envs)} = 0.196 \times \frac{0.187}{1.421} = 0.026$$

$$b_{Envs}^{std} = b_{Envs} \cdot \frac{SD(Envs)}{SD(Ginn'')} = 0.810 \times \frac{1.421}{1.642} = 0.701$$

标准化回归系数对应的标准误计算如下：

$$SE(a_{Hgen}^{std}) = SE(a_{Hgen}) \cdot \frac{SD(Hgen)}{SD(Envs)} = 0.084 \times \frac{0.190}{1.421} = 0.011$$

$$SE(a_{Hage}^{std}) = SE(a_{Hage}) \cdot \frac{SD(Hage)}{SD(Envs)} = 0.298 \times \frac{0.048}{1.421} = 0.010$$

$$SE(a_{Hten}^{std}) = SE(a_{Hten}) \cdot \frac{SD(Hten)}{SD(Envs)} = 0.036 \times \frac{0.306}{1.421} = 0.008$$

$$SE(a_{Hfun}^{std}) = SE(a_{Hfun}) \cdot \frac{SD(Hfun)}{SD(Envs)} = 0.077 \times \frac{0.187}{1.421} = 0.010$$

$$SE(b_{Envs}^{std}) = SE(b_{Envs}) \cdot \frac{SD(Envs)}{SD(Ginn'')} = 0.070 \times \frac{1.421}{1.642} = 0.061$$

其次，利用 Sobel 检验中介效应 ab^{std} 是否显著。

根据 $Z_m = \dfrac{ab^{std}}{SE(ab^{std})} = \dfrac{a^{std} \cdot b^{std}}{\sqrt{(a^{std})^2 [SE(b^{std})]^2 + (b^{std})^2 [SE(a^{std})]^2}}$ 计算相应

的统计量，判断中介效应是否显著。计算得出，企业环境战略在性别异质性与绿色创新绩效的中介效应统计量：$Z_{mH2a} = 1.620$，小于 1.645，表明企业环境战略在高管团队性别异质性与企业绿色创新绩效之间不起中介作用。企业环境战略在年龄异质性与绿色创新绩效的中介效应统计量：$Z_{mH2b} = -1.778$，绝对值小于 1.96，表明在 0.1 显著性水平下，企业环境战略在高管团队年龄异质性与企业绿色创新绩效之间起到中介作用。企业环境战略在任期异质性与绿色创新绩效的中介效应统计量：$Z_{mH2d} = 2.903$，大于 2.58，表明在 0.01 显著性水平下，企业环境战略在高管团队任期异质性与企业绿色创新绩效之间起到中介作用。企业环境战略在职能背景异质性与绿色创新绩效的中介效应统计量：$Z_{mH2e} = 2.535$ 大于 1.96，表明在 0.05 显著性水平下，企业环境战略在高管团队职能背景异质性与企业绿色创新绩效之间起到中介作用。

最后，根据表 6.11 的结果，加入企业环境战略后，高管团队年龄异质性仍与企业绿色创新绩效负向显著，任期异质性、职能背景异质性仍与企业绿色创新绩效正向显著，可以判断企业环境战略在性别异质性、任期异质性、职能背景异质性对企业绿色创新绩效的影响中起到部分中介作用。通过与前文对比可以发现，稳健性检验中得到的企业环境战略的中介效应结果与前文相同，证明中介效应结果可靠。

检验 ab^{std} 显著性方法得到的中介效应检验结果汇总见表 6.14。

表 6.14　　　　　中介效应显著性检验结果（检验 ab^{std} 显著性）

	假设 H2a $Hgen{\rightarrow}Envs{\rightarrow}Ginn$	假设 H2b $Hage{\rightarrow}Envs{\rightarrow}Ginn$	假设 H2d $Hterm{\rightarrow}Envs{\rightarrow}Ginn$	假设 H2e $Hfun{\rightarrow}Envs{\rightarrow}Ginn$
a	0.137	− 0.527	0.113	0.196
a^{std}	0.018	− 0.018	0.024	0.026
$SE(a)$	0.084	0.298	0.036	0.077

续表

	假设 H2a $Hgen \rightarrow Envs \rightarrow Ginn$	假设 H2b $Hage \rightarrow Envs \rightarrow Ginn$	假设 H2d $Hterm \rightarrow Envs \rightarrow Ginn$	假设 H2e $Hfun \rightarrow Envs \rightarrow Ginn$
$SE(a^{std})$	0.011	0.010	0.008	0.010
b	0.810	0.810	0.810	0.810
b^{std}	0.701	0.701	0.701	0.701
$SE(b)$	0.070	0.070	0.070	0.070
$SE(b^{std})$	0.061	0.061	0.061	0.061
Z_m	1.620	-1.778	2.903	2.535
中介效应显著性	不显著	显著	显著	显著
完全/部分中介	—	部分中介	部分中介	部分中介

资料来源：Stata 分析整理。

6.6 研究小结

通过回归分析对高管团队异质性、企业环境战略、企业绿色创新绩效之间的影响关系进行检验，验证了本章提出的研究假设，假设检验结果汇总见表 6.15。

表 6.15 假设检验结果汇总

序号	假设内容	是否成立
H1	高管团队异质性会对企业绿色创新绩效产生影响	
H1a	高管团队性别异质性会对企业绿色创新绩效产生正向影响	不成立
H1b	高管团队年龄异质性会对企业绿色创新绩效产生负向影响	成立
H1c	高管团队教育水平异质性会对企业绿色创新绩效产生正向影响	不成立
H1d	高管团队任期异质性会对企业绿色创新绩效产生正向影响	成立
H1e	高管团队职能背景异质性会对企业绿色创新绩效产生正向影响	成立
H2	高管团队异质性会通过企业环境战略影响企业绿色创新绩效	

续表

序号	假设内容	是否成立
H2a	高管团队性别异质性会通过企业环境战略正向影响企业绿色创新绩效	不成立
H2b	高管团队年龄异质性会通过企业环境战略负向影响企业绿色创新绩效	成立
H2c	高管团队教育水平异质性会通过企业环境战略正向影响企业绿色创新绩效	不成立
H2d	高管团队任期异质性会通过企业环境战略正向影响企业绿色创新绩效	成立
H2e	高管团队职能背景异质性会通过企业环境战略正向影响企业绿色创新绩效	成立

（1）高管团队异质性与企业绿色创新绩效

在高管团队异质性对企业绿色创新绩效的影响研究中，高管团队年龄异质性与企业绿色创新绩效显著负向相关，与假设 H1b 成立。任期异质性、职能背景异质性与企业绿色创新绩效显著正向相关，与假设 H1d、H1e 成立。

高管团队性别异质性会对企业绿色创新绩效产生显著的负面影响，假设 H1a 不成立。绿色创新是一项高风险的活动，女性虽然对环境问题更为敏感，但是其抗拒风险的意识可能会在阻碍企业绿色创新的实现上发挥主导作用，从而寻求其他的措施体现企业的环境责任（王淑英，2017；熊艾伦，2018；张瑞纲，2020）。同时，根据社会认同理论，性别与社会分类过程相关，性别的差异可能导致性别偏见，造成女性和男性高管之间的交流障碍、观点难以达成一致，阻碍企业绿色创新的有效开展，降低企业绿色创新绩效（Williams，1998；Joshi，2009）。李端生和王晓燕（2019）的研究表明，高管团队性别异质性的增强可能使高管团队的战略决断力弱化，从而阻碍企业的研发投资行为。高等（Gao et al.，2020）的研究结果也表明，高管团队性别异质性对企业绩效具有负面影响。

高管团队教育水平异质性不会影响企业绿色创新绩效，假设 H1c 不成立。随着政策的改革，MBA、EMBA、研究生课程进修班等在职教育、培训的产生，使得高管们可以进一步提高自己的文化水平，因此，可能造成了高管人员实际上的教育水平较为相近，差异较小。同时，教育水平可能只会在职业初期对高管的认知产生较大的影响，后期随着工作经验的增加，受到工作内容、工作环境等其他因素的影响，初始的教育水平对高管认知的影响逐渐减小，教育水平差异作用弱化。因此，高管团队教育水平异质性可能对企业绿色创新绩效不会产生影响。类似地，李端生和王晓燕（2019）的研究结果显示，高管团队教育水平异质性不会对企业研发投资行为产生影响。

（2）企业环境战略的中介作用

在企业环境战略中介作用的研究中，高管团队年龄异质性会通过企业环境战略负向影响企业绿色创新绩效，与假设 H2b 成立。高管团队任期异质性、职能背景异质性会通过企业环境战略正向影响企业绿色创新绩效，假设 H2d、H2e 成立。高管团队教育水平异质性不会影响企业绿色创新绩效，企业环境战略在高管团队教育水平异质性对企业绿色创新绩效影响中的中介效应分析终止，假设 H2c 不成立。

企业环境战略不会在高管团队性别异质性对企业绿色创新绩效的影响中起中介作用，假设 H2a 不成立。虽然企业环境战略会对企业绿色创新绩效产生积极影响，但是高管团队性别异质性不会影响企业环境战略的制定，因此，团队内性别的差异不会间接对企业绿色创新绩效产生影响。高管团队性别异质性不会对企业环境战略产生影响的解释如下：随着环境污染问题的加重，社会各界开始努力提高公众的环保意识，例如，加大环境保护宣传、将生态环境教育融入课堂等，因此，男性和女性的环境保护意识差距逐渐缩小。什瓦库马拉（Shivakumara et al.，2015）、陈静思（2016）的研究表明，性别差异不会对环境意识产生显著影响。同时，政府、消费者和其他利益相关者要求企业在环境方面作出努力，并将环境纳入企业战略规划中，迫于社会各界的压力，男性高管和女性高管在企业环境战略对企业发展重要性方面的认知差距逐渐缩小，并在企业环境战略的制定趋于一致。因此，高管团队性别差异不会对企业环境战略产生影响。基于此，高管团队异质性不会通过影响企业环境战略的制定进而间接影响企业绿色创新绩效。

第 7 章

结论与展望

7.1 研究结论与贡献

本书基于中国制度情境，结合制度理论、高层梯队理论、社会认同理论、信息决策理论和外部性理论，对环境规制、环境战略和企业绿色创新绩效三者之间的影响关系和内在管理机制进行了讨论，同时以 2015～2020 年间的 A 股 911 家制造业上市公司为研究样本，通过实证分析得出相关研究结论，对现有理论研究和管理实践作出些许的贡献。

7.1.1 研究结论

（1）环境规制对企业环境战略的影响

本书从微观企业视角出发，考虑到环境规制形式的异质性，将环境规制划分为：命令控制型环境规制、市场激励型环境规制和社会参与型环境规制三种类型，深入分析其对企业环境战略产生的影响效果。研究结果表明：市场激励型环境规制对企业环境战略产生显著负向影响，命令控制型环境规制和社会参与型环境规制对企业环境战略具有显著正向影响。其中，命令控制型环境规制对企业环境战略的影响作用较大。在较短时间范围内，强制作用较大的命令控制型环境规制更能约束企业行为，违规成本高，倒逼企业制定积极的环境战略。而社会参与型规制缺乏强制推动力，企业自愿参与的意愿得不到充分激发，因此社会参与型环境规制对企业环境战略的促进作用较弱。

同时，引入高管认知这一中介变量，探究其在环境规制与企业环境战略之间的影响机理，这一中介变量打开了环境规制与企业环境战略关系的"黑盒子"。研究结果表明，高管认知在环境规制对企业环境战略影响中起到部分中介作用，也就是说，企业面对环境规制时会根据高管认知模式和对政策环境的解释来构建环境战略。因此，研究认为，环境规制作用于企业环境战略行为机制在于：环境规制不仅是企业战略选择的外部制度背景，而且更重要的是内化为高管认知模式，高管团队将环境规制视内化为企业自愿环境治理的动力，强化环境意识并付诸实际行动，进而保证企业环境战略的选择。

（2）市场激励型环境规制对企业环境战略的影响

本书进一步选取环境税费和环境补贴这两种市场激励型环境规制工具，更细致地探究了市场激励型环境规制对企业环境战略的影响机制。研究结果表明，环境税费对企业环境战略具有显著"U"型影响关系，环境补贴对企业环境战略具有显著的正向影响，这再次证实了市场激励型环境规制在解决环境问题外部性方面所具有的作用。除此之外，研究结果表明，环境税费、环境补贴的作用效果在国有企业与非国有企业、重污染企业与非重污染企业之间均具有显著的异质性。

同时，本书引入媒体关注度和内部控制两个调节变量，探究其在市场激励型环境规制与企业环境战略关系之间的调节效应。研究结果表明，媒体关注度在市场激励性环境规制对企业环境战略的影响关系中具有调节效应，而内部控制质量的调节效应则不显著。

（3）高管团队异质性对企业绿色创新绩效的影响

本书研究了高管团队异质性对企业绿色创新绩效的影响。研究结果表明，高管团队性别异质性、年龄异质性对企业绿色创新绩效有显著负向影响，任期异质性、职能背景异质性对企业绿色创新绩效有显著正向影响，教育水平异质性对企业绿色创新绩效没有影响。

同时，本书进一步探究了企业环境战略在高管团队异质性对企业绿色创新绩效影响中的中介效应。研究结果表明，企业环境战略在高管团队年龄异质性、任期异质性、职能背景异质性对企业绿色创新绩效影响中起到部分中介作用，在性别异质性对企业绿色创新绩效影响中无中介作用。

7.1.2　研究贡献

本书的贡献主要有以下几点：

第一，本书聚焦于环境规制的基本表现形式——政策文本，在借鉴张国兴等（2021）的研究基础从"政策力度"和"政策措施"两个维度对环境规制政策进行集中量化，并且考虑到我国政策体系具有"自上而下"的特性，还引入工业污染治理投资完成额表征地方在政策执行过程中的具体情况，尝试弥补以往研究中仅选取单一替代变量对环境规制测度的缺陷，对我国政府环境治理全貌进行详细的刻画。

第二，现有研究多以命令控制型环境规制对企业环境战略的研究为主，市场激励型环境规制的治理效果相关研究逐渐增多，而以多主体共同参与监督和促进企业环境战略的文章较少，环境治理问题涉及面广且被社会广泛关注，尤其"社会共治"正成为环境保护的新模式。因此，本书从环境规制异质性视角，探讨不同类型环境规制对企业环境战略的影响，丰富了有关异质性环境规制方面的研究成果。

第三，现有关于市场激励型环境规制与企业环境问题之间影响关系的研究较为丰富，但研究结论尚未统一，且多聚焦于单一环境规制工具和单一环境实践。本书以多项环境实践的实施情况综合评价企业环境战略水平并对两项市场激励型环境规制工具的作用效果进行比较分析，丰富了关于市场激励型环境规制作用效果的讨论。

第四，现有研究在分析环境规制与企业环境问题时大多注重对直接效应的讨论，较少考虑其他因素的调节作用。本书从利益相关者视角出发，在直接效应中加入调节变量，一方面为探究何种因素会对环境规制的实际作用效果产生影响提供了可能性，另一方面也提供了一种在企业环境问题的实证研究中如何将企业内外部多种因素的作用纳入分析范围的思路。环境规制所代表的来自政府部门的环境监管可以对企业环境战略产生直接影响，在这一过程中，其他利益相关者所发挥的作用也不可忽视。本书的研究结论证实了媒体关注度所具有的调节作用，与林等（2022）、刘常建等（2019）的研究结论相符，印证了 DYCK（2002）、王欣媛（2020）等学者认为来自社会公众的外部监督可影响各类环境规制的执行效率和效果的观点在环境问题方面同样适用。但是，内部控制质量的调节效应假设经过实证检验不成立，这与林等（2022）的研究结果不一致。

第五，探索企业绿色创新影响因素的文献虽然已经意识到了管理人员特征的作用，但是研究相对较少，研究结论也存在差异。本书将高管团队特征与绿色创新领域相结合，着重于高管团队异质性，进一步丰富了高管团队异质性对绿色创新的影响相关研究，检验了高管团队异质性不同维度对企业绿色创新绩效的影响作用。

7.2　管理启示与建议

根据本书的研究结论，从优化环境规制政策、提高企业高管环境认知、政府合理配置环境税费和环境补贴、企业灵活制定环境战略与优化高管团队五个方面提出以下建议：

第一，不同类型环境规制对企业环境战略的影响具有显著差异，这就需要政府部门采取适宜的方式，分析不同类型规制政策的优缺点，取长补短，最大限度地促进企业积极主动的制定环境战略。

命令控制型环境规制具有较强的约束力和惩戒性，其侧重于统一标准的制定，能够短时高效地促进企业实施环境战略，但也存在监管成本过高和规制程度过重时，会导致企业产生消极治理的态度，抑制企业环境战略的制定。

因此，在现有命令控制型环境规制的标准上，为避免所有企业和地区出现"一刀切"的治理方式，政府部门应该注重因地制宜，动态变化的政策制定方针，通过实地调研和分析了解污染程度差异较大的企业在环境治理方面的具体整改措施，不断细化和完善命令控制型环境规制的执行标准，比如，对污染严重的企业和地区要提高污染排放标准，增加规制强度。与此同时，在政策完善的基础上也得做好监管落实工作，许多地方为了确保当地经济稳定发展而忽略了环保问题，这种监管不利的现象也无法让企业实施长期有效的环境战略，可以将环境保护及治理成效纳入政府考核工作，建立重大环境事故责任处罚机制，避免地方政府出于地区经济利益而弱化监管力度，进而损害企业环境保护的积极性。

市场激励型环境规制的灵活性能够积极引导企业主动承担环境责任，然而一方面存在补贴力度小，排污费设置不合理等问题，另一方面我国市场机制不完善，导致市场激励型环境规制对企业环境战略产生抑制作用。因此，为了使市场激励型环境规制提供有效制度保障和充分发挥经济激励作用，一方面需要设立合理的环境治理补贴区间，深入了解和调查企业需求，降低信息不对称，确保资金落实到真正需要的企业中；另一方面需要政府部门建立一个公开、透明的交易环境，有效预防地方政府过度干预致使市场交易显示出疲软的迹象，真正发挥市场机制的最大效用。此外，我国排污费制度向环保税制度"平移"，说明市场激励型环境规制的执法刚性在逐步加强，有效解决企业欠缴排污费的问题，应该继续进行环境税、碳排放交易的试点探索，有条件的地方先试行，并积累成功经验，从而在全国范围内推广应用。

社会参与型环境规制给予企业更多自主选择的权利，能够发挥主观能动性，研究结果表明，社会参与型环境规制对企业环境战略的影响效果略低于命令控制型，但两者的回归系数相差较小，因此在未来的环境规制中应发挥公众参与环境治理的优势。由于企业自愿环境信息披露评价体系尚不健全，以指导性意见或准则居多，导致很多企业选择忽略，这就需要政府部门引入第三方评价机构，全方位监管和评估企业生产流程，既保证了评估过程的公平公正，又能最大限度地解决职责不清、工作落实不到位等推诿问题。此外，要发挥社会公众监督企业环境治理的积极效应，环保部门要多措并举加大环保宣教工作力度，提高全民环保觉悟，鼓励社会各界参与日常监督过程中，与此同时，也要拓宽公众建言献策的渠道，要健全环保信访制度，不断改进和优化工作流程，相较于已有的环境信访、环保热线和环境保护听证会等形式，政府部门还可以搭建网络信息平台，重视网络层面关于环保问题的投诉渠道，增强政府和公众之间的联系。

第二，本书的研究结果表明了高管认知在环境规制和企业环境战略之间的促进作用。在环境污染日益严峻，政策严厉的形势下，企业应当意识到环境保护的必要性，积极履行环境保护责任，不能一味追求经济利益，要用实际行动践行环境保护的使命。高管认知为企业环境战略的制定提供了持续的内在驱动力，企业高管团队需要从根本上提高环境认知水平。一方面，在企业内部加强培训，创建学习型组织，由于外部环境快速变化，高管认知模式依赖于其学习能力，通过培训、座谈会等形式向高管团队分享经验获成功案例，促进认知程度低的管理者改变治理思维，从而逐渐重视环境保护。另一方面，就管理层晋升和选拔流程来看，可以将环境保护重视程度这一指标作为重要考核内容，由于环保认知意识较低的管理者，往往也会忽视环境保护行为，即使成为高管成员，其较低的环保认知也不足以支撑企业制定积极的环境战略。此外，企业环境战略是高管团队共同决定并实施的，这就需要保证战略决策具备科学性和实践性，高管团队成员之间要加强沟通和协作，充分发挥团队优势。

第三，环境税费与环境补贴同为市场激励型环境规制工具，但二者对企业环境战略的影响效果却存在差异。政府有关部门可以根据环境税费和环境补贴的作用特点进行搭配组合，以充分发挥二者在引导企业进行环境战略方面的作用。一方面，由于环境税费具有 U 型影响关系，当环境税费未能发挥既定作用甚至对企业在环境战略方面的投入表现出抑制作用时，可以及时调整环境税费的征收强度来缓解企业面临的成本压力或者进一步迫使企业提高对于环境污染问题的重视程度。另一方面，可以充分发挥环境补贴在促进企业提升环境战略水平方面的积极作用，对于企业的各类重点环保项目提供更为丰富的资金支持，以有效维持或进一步激发企业对于环境战略的积极性。此外，环境税费和环境补贴在不同产权性质和不同污染性质的企业中表现出不同的作用效果，可以根据企业的特点适用不同强度的规制工具，以实现企业环境战略水平的整体提升。例如，非国有企业的环境战略水平明显低于国有企业，可以适度加大环境税费和环境补贴在非国有企业中的力度；在重污染企业中需要提供更多的财政补贴以达到与非重污染企业同等水平的激励效果。

第四，企业可以根据自身所缴纳的环境税费水平和所获取的环境补贴水平来进行相关的环境战略决策，以实现环境效益和经济效益的平衡发展。一方面，无论是缴纳环境税费所带来的成本压力、环境合法性压力，还是将企业有限的资源投入各种环境实践中，均可能对企业的生产经营带来不利影响。当企业的环境战略水平尚可且所需缴纳的环境税费较少时，可以适度控制对于环境战略的投入；而环境税费较多的企业则需提高对于环境战略问题的重视程度，积极提高环境战略水平。另一方面，企业应当充分利用环境补贴所带来的各种有利因素，合理规划已获取的环境补贴资金提升自身的环境战略水平并积极寻求新的环境补贴。此外，在面临环境税费和环境补贴造成的影响时，企业不能忽视媒体关注度的重要调节作用，适时地提升或降低媒体对自身的关注度或许能够帮助企业缓解环保压力的紧迫性，有益于企业更加平稳有序地规划实施各类环境实践，提升环境战略水平。

第五，优化高管团队以促进企业的绿色创新绩效，可以从女性高管、高管团队年龄、高管团队成员任期时长和职能背景四个方面进行优化。

注重对女性高管绿色创新意识的培养和提高，加强女性和男性高管的理解、沟通，增强合作效率。女性高管在企业中的作用越来越被重视，女性高管普遍被认为能够为企业发展带来价值，性别异质性也被视为企业社会责任的一项重要评价指标。相对于男性高管，虽然女性高管被认为更具有环境保护意识，但是由于其风险规避意识较强，且对绿色创新的认知不够充分，在企业绿色创新方面会表现出更少的信心，阻碍企业绿色创新。因此，企业内部可以组织一些绿色创新方面的培训，使女性高管对绿色创新有更加全面的认识；制定一些激励政策，激发女性在绿色创新上的动力；提供支持和保障政策，以解决女性高管进行绿色创新的顾虑。同时，政府应该加大绿色创新宣传，促进企业高管人员绿色创新意识；为女性在绿色创新相关领域的自主创业提供更加有利的政策支持。在提高女性高管对绿色创新认知的同时，还要提升女性高管和男性高管的合作效率，使女性和男性高管在绿色创新方面发挥各自优势，形成优势互补，而不是由于相互排斥而降低绿色创新绩效。企业内部可以通过组织高管团队活动加强人员互动，增加人员之间的熟悉、了解；同时企业、社会应该制定政策增强性别平等意识，改变人们的性别偏见，减少性别歧视，促进将人们对性别平等的认同感转化为实际行动。

控制高管团队成员的年龄差异。高管团队年龄异质性带来的认知、价值观等方面的差异会导致高管团队的情感冲突、沟通失调，影响企业环境战略的决策水平和企业绿色创新绩效。在组建或调整高管团队时，除了考虑候选人的专业技能、个人经验等，还需要考虑高管团队组建或调整完成后成员之间年龄的差异，尽可能在组建团队时选择彼此之间年龄差距小的候选人或者调整团队时选择与现有成员年龄差距小的候选人。

适当更换或增加新的高管团队成员，注入新鲜血液。高管团队的成员不能总是一成不变的，这样会导致团队惰性，同时，外部环境的变化、企业业务的调整都要求高管团队进行调整以使团队具有与推动企业发展相匹配的能力。新任职的高管成员可以给高管团队带来不一样的信息、观点，帮助团队打破思维定势，提供更多的选择框架，并且新任职的高管更富有激情、活力，更加大胆，从而能够提高企业环境战略水平和绿色创新绩效。因此，高管团队应该适时地纳入新的成员，增加任期异质性。

吸收具有不同职能部门工作经验的人员进入高管团队。职能背景不同的高管能够基于自己的专业领域提出不一样的观点，带来不一样的信息，使团队能够更加全面地思考、解决问题，这对于企业制定环境战略、进行绿色创新活动这样复杂的任务尤为重要。现实中的一些企业，高管团队成员可能都是管理、销售等支持性职能背景的人员，或者都是生产、研发等技术性职能背景的人员，这样团队虽然在内部沟通上较为顺利，但是知识结构的相似性导致企业视角的局限性。虽然同质性高的高管团队可能使企业在某一领域的专业性更强，但是在竞争激烈的今天，不同领域的碰撞才有可能发现新机会，并在竞争中脱颖而出。因此，企业应该纳入不同职能背景的高管成员，使成员之间互相弥补，相辅相成。

7.3　研究局限与未来展望

本书基于 A 股制造业上市公司样本数据，深入探究了环境规制、环境战略与企业绿色创新绩效三者之间的内在逻辑关系与影响机制，但本书仍存在以下不足之处。

第一，本书基于数据的可得性和规范性要求，选取了具有代表性的 A 股制造业上市公司作为研究对象，研究结论的普适性会降低。环境治理涉及领域广泛，不同行业在环境战略和传导机制上存在差异性，因此，在未来可以选取其他行业进行研究，并且在数据可获得的条件下，分行业对比环境规制对企业环境战略的影响，以便政府针对不同行业环境规制提出具体建议。

第二，本书选取了 2015～2020 年间的数据，在数据分析过程中仅考虑了滞后一期的情况，但由于企业环境战略具有长期性，以及政府从环境制度的实施到影响企业行为之间存在滞后性，因此，在未来的研究中可以选取更长时间的样本数据，将滞后期设置为 2 年、3 年甚至更长，并进行对比研究，使研究更加严谨。

第三，本书的高管认知的衡量选取内容分析法，该方法作为一种定量与定性结合的方法，避免了问卷调查收集的局限性，但在实际操作中难免会受到研究者主观因素的影响。此外，高管认知的来源仅选取上市公司年报中的"经营情况分析与讨论"这一部分内容进行分析，在之后的研究中，还可以搜集高管访谈、现场讲话等相关材料，从而更加准确、全面地对高管认知变量进行考察。

第四，本书的研究假设和模型验证过程是为了验证三种不同类型政府规制对企业环境战略的作用效果，仅考虑到现有研究中环境规制与企业环境战略的线性关系，在比较不同规制政策的影响差异时，也只考虑了市场激励型环境规制中的环境税费和环境补贴两种规制工具的非线性影响机理，而市场激励型环境规制下还包括其他的规制工具，例如，排污权交易、碳交易、绿色信贷等，这些规制工具也可能在引导企业进行环境战略方面发挥作用。因此，未来的研究可以对市场激励型环境规制下其他规制工具与企业环境战略之间的影响关系进行探讨。同时未来的研究可以进一步探究控制型环境规制和社会参与型环境规制对企业环境战略的非线性影响。

第五，本书只研究了性别异质性、年龄异质性、教育水平异质性、任期异质性、职能背景异质性这五个维度的高管团队异质性对企业绿色创新绩效的影响，而高管团队的特征还有很多，比如种族、国籍、学术经历、海外经历等，这些高管团队特征的差异可能也会影响组织绩效。因此，在未来的研究中，可以对高管团队异质性的其他维度与企业绿色创新绩效之间的影响关系进行探讨。

参考文献

［1］薄文广，徐玮，王军锋．地方政府竞争与环境规制异质性：逐底竞争还是逐顶竞争？［J］．中国软科学，2018（11）：76-93.

［2］毕茜，于连超．环境税与企业技术创新：促进还是抑制？［J］．科研管理，2019，40（12）：116-125.

［3］边明英，俞会新，张迎新．环境规制与交通运输业绿色创新：高管环保意识的中介作用［J］．华东经济管理，2021，35（8）：11-20.

［4］边晓慧，张成福．府际关系与国家治理：功能、模型与改革思路［J］．中国行政管理，2016（5）：14-18.

［5］蔡乌赶，李青青．环境规制对企业生态技术创新的双重影响研究［J］．科研管理，2019，40（10）：87-95.

［6］蔡乌赶，周小亮．中国环境规制对绿色全要素生产率的双重效应［J］．经济学家，2017（9）：27-35.

［7］蔡跃洲．推动绿色创新的政策选择及东亚区域合作［J］．中国科技论坛，2012（9）：95-100.

［8］曹洪军，陈泽文．内外环境对企业绿色创新战略的驱动效应：高管环保意识的调节作用［J］．南开管理评论，2017，20（6）：95-103.

［9］陈强．高级计量经济学及Stata应用［M］.2版．北京：高等教育出版社，2014.

［10］陈正．企业环境管理体系问题及改进措施研究［J］．企业改革与管理，2022（1）：42-44.

［11］陈忠卫，常极．高管团队异质性、集体创新能力与公司绩效关系的实证研究［J］．软科学，2009，23（9）：78-83.

[12] 程波辉, 陈玲. 制度性交易成本如何影响企业绩效: 一个制度经济学的解释框架 [J]. 学术研究, 2020 (3): 70 – 75.

[13] 崔小雨, 陈春花, 苏涛. 高管团队异质性与组织绩效的关系研究: 一项 Meta 分析的检验 [J]. 管理评论, 2018, 30 (9): 152 – 163.

[14] 邓少军, 芮明杰. 高层管理者认知与企业双元能力构建: 基于浙江金信公司战略转型的案例研究 [J]. 中国工业经济, 2013 (11): 135 – 147.

[15] 董景荣, 张文清, 陈宇科. 环境规制工具、政府支持对绿色技术创新的影响研究 [J]. 产业经济研究, 2021 (3): 1 – 16.

[16] 董临萍, 宋渊洋. 高管团队注意力与企业国际化绩效: 权力与管理自由度的调节作用 [J]. 管理评论, 2017, 29 (8): 167 – 178.

[17] 方杰, 温忠麟, 欧阳劲樱, 等. 国内调节效应的方法学研究 [J]. 心理科学进展, 2022, 30 (8): 1703 – 1714.

[18] 方杰, 温忠麟, 张敏强. 类别变量的中介效应分析 [J]. 心理科学, 2017, 40 (2): 471 – 477.

[19] 方婷婷. 多视角整合下企业社会责任对绿色技术创新的影响研究 [J]. 统计学与应用, 2020, 9 (4): 648 – 659.

[20] 傅广宛. 政策参与中的社会性别: 关注、方法及分布 [J]. 中国行政管理, 2016 (10): 100 – 104.

[21] 高岩. CEO 权力对企业环境战略影响的实证研究: CEO 权力注意力的中介作用 [D]. 兰州: 兰州大学, 2020.

[22] 郭进. 环境规制对绿色技术创新的影响: "波特效应" 的中国证据 [J]. 财贸经济, 2019, 40 (3): 147 – 160.

[23] 韩立丰, 王重鸣, 许智文. 群体多样性研究的理论述评: 基于群体断层理论的反思 [J]. 心理科学进展, 2010 (2): 374 – 384.

[24] 韩庆潇, 杨晨, 顾智鹏. 高管团队异质性对企业创新效率的门槛效应: 基于战略性新兴产业上市公司的实证研究 [J]. 中国经济问题, 2017 (2): 42 – 53.

[25] 何兴邦. 异质型环境规制与中国经济增长质量: 行政命令与市场手

段孰优孰劣 [J]. 商业研究, 2020 (9): 82 - 91.

[26] 和苏超, 黄旭, 陈青. 管理者环境认知能够提升企业绩效吗: 前瞻型环境战略的中介作用与商业环境不确定性的调节作用 [J]. 南开管理评论, 2016, 19 (6): 49 - 57.

[27] 胡冬雪, 陈强. 促进我国产学研合作的法律对策研究 [J]. 中国软科学, 2013, 21 (2): 154 - 174.

[28] 胡珺, 汤泰劼, 宋献中. 企业环境治理的驱动机制研究: 环保官员变更的视角 [J]. 南开管理评论, 2019, 22 (2): 89 - 103.

[29] 胡望斌, 张玉利, 杨俊. 同质性还是异质性: 创业导向对技术创业团队与新企业绩效关系的调节作用研究 [J]. 管理世界, 2014, 30 (6): 92 - 109, 187 - 188.

[30] 胡元林, 李雪. 自愿型环境规制影响企业绩效的路径研究 [J]. 生态经济, 2018, 34 (4): 100 - 103.

[31] 胡元林, 杨雁坤. 环境规制下企业环境战略转型的过程机制研究: 基于动态能力视角 [J]. 科技管理研究, 2015, 35 (3): 220 - 224, 236.

[32] 黄纪强, 祁毓. 环境税能否倒逼产业结构优化与升级? ——基于环境 "费改税" 的准自然实验 [J]. 产业经济研究, 2022 (2): 1 - 13.

[33] 黄迎, 张卉. 上市公司股权集中度对公司治理影响研究的文献综述 [J]. 知识经济, 2016 (24): 34 - 36.

[34] 贾兴平, 刘益, 廖勇海. 利益相关者压力、企业社会责任与企业价值 [J]. 管理学报, 2016, 13 (2): 267 - 274.

[35] 姜雨峰, 田虹. 绿色创新中介作用下的企业环境责任、企业环境伦理对竞争优势的影响 [J]. 管理学报, 2014, 11 (8): 1191 - 1198.

[36] 蒋天骥, 张瑶, 周庆山. 基于文本量化分析的我国地方政府大数据产业政策的完善策略研究 [J]. 现代情报, 2021, 41 (2): 132 - 140, 161.

[37] 焦豪, 杨季枫, 应瑛. 动态能力研究述评及开展中国情境化研究的建议 [J]. 管理世界, 2021, 37 (5): 191 - 210 + 14 + 22 - 24.

[38] 李冬伟, 吴菁. 高管团队异质性对企业社会绩效的影响 [J]. 管理

评论，2017，29（12）：84-93.

［39］李冬伟，张春婷.环境战略、绿色创新与绿色形象［J］.财会月刊，2017（32）：3-10.

［40］李端生，王晓燕.高管团队异质性、激励机制与企业研发投资行为：来自创业板上市公司的经验数据［J］.经济问题，2019（2）：58-68.

［41］李华晶，张玉利.高管团队特征与企业创新关系的实证研究：以科技型中小企业为例［J］.商业经济与管理，2006（5）：9-13.

［42］李利，陈进.创业团队异质性对科技型企业创新绩效的影响［J］.技术与创新管理，2020，41（1）：69-74，82.

［43］李瑞前，张劲松.不同类型环境规制对地方环境治理的异质性影响［J］.商业研究，2020（7）：36-45.

［44］李世辉，程宸.资本性环保支出、公众环境诉求与企业价值：来自重污染行业上市公司的经验证据［J］.华东经济管理，2022，36（5）：66-78.

［45］李晓红，金正贤.环境税对企业绿色技术创新的影响研究：基于A股工业企业上市公司的实证经验［J］.经济问题，2023（1）：61-69.

［46］李旭.绿色创新相关研究的梳理与展望［J］.研究与发展管理，2015，27（2）：1-11.

［47］李毅，胡宗义，何冰洋.环境规制影响绿色经济发展的机制与效应分析［J］.中国软科学，2020（9）：26-38.

［48］李志斌，黄馨怡.新《环保法》、企业战略与技术创新：基于重污染行业上市公司的研究［J］.财经问题研究，2021（7）：130-137.

［49］梁敏，曹洪军，陈泽文.环境规制、环境责任与企业绿色技术创新［J］.企业经济，2021，40（11）：15-23.

［50］刘常建，许为宾，蔡兰，等.环保压力与重污染企业的银行贷款契约——基于"PM2.5爆表"事件的经验证据［J］.中国人口·资源与环境，2019，29（12）：121-130.

［51］刘凤朝，孙玉涛.我国科技政策向创新政策演变的过程、趋势与建

议：基于我国 289 项创新政策的实证分析 [J]. 中国软科学，2007（5）：
34 - 42.

[52] 刘红云，骆方，张玉，等. 因变量为等级变量的中介效应分析 [J].
心理学报，2013，45（12）：1431 - 1442.

[53] 刘慧琼. 政策主体的价值取向对政策制定的影响 [J]. 决策借鉴，
2002（3）：60 - 62.

[54] 刘丽娜，赵迎新. 碳信息披露质量、碳排放权交易与企业绿色创
新：来自我国高碳行业上市公司的经验证据 [J]. 会计之友，2023（17）：
27 - 34.

[55] 刘满凤，朱文燕. 不同环境规制工具触发"波特效应"的异质性分
析：基于地方政府竞争视角 [J]. 生态经济，2020，36（11）：143 - 150.

[56] 刘明玉，袁宝龙. 环境规制与绿色创新效率的空间异质效应：基于
长江经济带工业企业数据 [J]. 财会月刊，2018（24）：144 - 153.

[57] 路正南，殷明星. 异质性环境规制工具与企业环境信息披露行为：
基于 A 股上市企业的证据 [J]. 经营与管理，2022（9）：40 - 47.

[58] 罗恩益. 财税激励、绿色技术创新与企业环境绩效 [J]. 财会通
讯，2020（20）：46 - 49.

[59] 吕鹏，黄送钦. 环境规制压力会促进企业转型升级吗 [J]. 南开管
理评论，2021，24（4）：116 - 129.

[60] 马艳玲. 政府驱动国有企业履行社会责任的机理研究 [D]. 哈尔
滨：哈尔滨工业大学，2015.

[61] 马艳艳，张晓蕾，孙玉涛. 环境规制激发企业努力研发?：来自火
电企业数据的实证 [J]. 科研管理，2018，39（2）：66 - 74.

[62] 马喆亮，胡元林. 逐利本性还是市场激励?：基于重污染企业绿色
行为的调查研究 [J]. 生态经济，2019，35（9）：164 - 169.

[63] 迈克尔·希尔. 理解社会政策 [M]. 李秉勤，贡森，译. 北京：商
务印书馆，2003.

[64] 毛恩荣，周志波. 环境税改革与"双重红利"假说：一个理论述评

[J]. 中国人口资源与环境, 2021, 31 (12): 128 -139.

[65] 苗苗, 苏远东, 朱曦, 等. 环境规制对企业技术创新的影响: 基于融资约束的中介效应检验 [J]. 软科学, 2019, 33 (12): 100 -107.

[66] 牛芳, 张玉利, 杨俊. 创业团队异质性与新企业绩效: 领导者乐观心理的调节作用 [J]. 管理评论, 2011, 23 (11): 110 -119.

[67] 牛美晨, 刘晔. 提高排污费能促进企业创新吗: 兼论对我国环保税开征的启示 [J]. 统计研究, 2021, 38 (7): 87 -99.

[68] 潘楚林, 田虹. 利益相关者压力、企业环境伦理与前瞻型环境战略 [J]. 管理科学, 2016, 29 (3): 38 -48.

[69] 潘楚林, 田虹. 前瞻型环境战略对企业绿色创新绩效的影响研究: 绿色智力资本与吸收能力的链式中介作用 [J]. 财经论丛, 2016 (7): 85 -93.

[70] 彭纪生, 仲为国, 孙文祥. 政策测量、政策协同演变与经济绩效: 基于创新政策的实证研究 [J]. 管理世界, 2008 (9): 25 -36.

[71] 彭纪生, 孙文祥, 仲为国. 中国技术创新政策演变与绩效实证研究 (1978 -2006) [J]. 科研管理, 2008 (4): 134 -150.

[72] 乔菲, 文雯, 冯晓晴. "国家队" 持股能促进企业绿色创新吗: 重污染行业的异质性分析 [J]. 科技进步与对策, 2022, 39 (22): 92 -102.

[73] 饶远, 刘海波, 张亚峰. 制度理论视角下的新型研发机构知识产权管理 [J]. 科学学研究, 2022, 40 (6): 1075 -1084.

[74] 尚航标, 黄培伦. 新制度主义对战略管理的理论意义 [J]. 管理学报, 2011, 8 (3): 396 -402.

[75] 尚洪涛, 祝丽然. 政府环境研发补贴、环境研发投入与企业环境绩效: 基于中国新能源企业产权异质性的数据分析 [J]. 软科学, 2018, 32 (5): 40 -44.

[76] 沈洪涛, 周艳坤. 环境执法监督与企业环境绩效: 来自环保约谈的准自然实验证据 [J]. 南开管理评论, 2017, 20 (6): 73 -82.

[77] 盛广耀. 低碳城市建设的政策体系研究: 基于混合扫描模型的视角 [J]. 生态经济, 2017, 33 (5): 14 -18, 34.

［78］宋锋华．"双碳"目标下企业"漂绿"行为的典型风险与治理思路
［J］．企业经济，2022，41（3）：5－12，2.

［79］孙德升．高管团队与企业社会责任：高阶理论的视角［J］．科学学
与科学技术管理，2009，30（4）：188－193.

［80］孙玉涛，曹聪．战略情景转变下中国创新政策主体合作结构演进实
证［J］．研究与发展管理，2012，24（4）：93－102.

［81］陶文杰，金占明．企业社会责任信息披露、媒体关注度与企业财务
绩效关系研究［J］．管理学报，2012，9（8）：1225－1232.

［82］田虹，潘楚林．前瞻型环境战略对企业绿色形象的影响研究［J］.
管理学报，2015，12（7）：1064－1071.

［83］田利辉，关欣，李政，等．环境保护税费改革与企业环保投资：基
于《环境保护税法》实施的准自然实验［J］．财经研究，2022，48（9）：
32－46.

［84］涂刚，赵玉民．环境规制约束下企业发展的战略行为选择研究［J］.
经济问题，2011（7）：86－89.

［85］万寿义，刘非菲．企业社会责任与企业社会责任缺失关系的实证分
析［J］．财会月刊，2014（22）：3－8.

［86］王彩明，李健．中国区域绿色创新绩效评价及其时空差异分析：基
于2005－2015年的省际工业企业面板数据［J］．科研管理，2019，40（6）：
29－42.

［87］王建明，陈红喜，袁瑜．企业绿色创新活动的中介效应实证［J］.
中国人口·资源与环境，2010（6）：111－117.

［88］王丽萍，姚子婷，李创．环境战略对环境绩效和经济绩效的影响：
基于企业成长性和市场竞争性的调节效应［J］．资源科学，2021，43（1）：
23－39.

［89］王宁．管理者过度自信与财务困境问题研究：基于投资—现金流敏
感性非对称现象［J］．湖北社会科学，2019（11）：90－99.

［90］王淑英，张水娟．高管团队异质性、所有权性质与银行创新能力：

基于中国 16 家上市银行实证研究（2006—2015 年）［J］. 金融理论与实践，2017（4）：39 - 45.

［91］王晓祺，胡国强. 绿色创新，企业声誉与盈余信息含量［J］. 北京工商大学学报：社会科学版，2020，35（1）：50 - 63.

［92］王欣媛. 基于媒体关注度的碳风险对企业债务成本的影响分析：来自我国 A 股上市公司的经验证据［J］. 技术经济，2020，39（4）：95 - 102.

［93］王云，李延喜，马壮，等. 媒体关注、环境规制与企业环保投资［J］. 南开管理评论，2017，20（6）：83 - 94.

［94］魏胜强. 论绿色发展理念对生态文明建设的价值引导：以公众参与制度为例的剖析［J］. 法律科学（西北政法大学学报），2019，37（2）：25 - 38.

［95］温忠麟，范息涛，叶宝娟，等. 从效应量应有的性质看中介效应量的合理性［J］. 心理学报，2016，48（4）：435 - 443.

［96］温忠麟，叶宝娟. 中介效应分析：方法和模型发展［J］. 心理科学进展，2014，22（5）：731 - 745.

［97］吴成颂，黄送钦，何小艳. 银行高管特征对创新能力的影响研究：来自中国 13 家上市银行 2004 - 2011 年的经验数据［J］. 金融理论与实践，2013（11）：24 - 29.

［98］吴德军，黄丹丹. 高管特征与公司环境绩效［J］. 中南财经政法大学学报，2013（5）：109 - 114.

［99］吴德军. 责任指数、公司性质与环境信息披露［J］. 中南财经政法大学学报，2011（5）：49 - 54.

［100］吴建祖，华欣意. 高管团队注意力与企业绿色创新战略：来自中国制造业上市公司的经验证据［J］. 科学学与科学技术管理，2021，42（9）：122 - 142.

［101］吴建祖，袁海春. 绩效期望落差与企业环境战略的倒 U 形关系研究［J］. 管理学报，2020，17（10）：1453 - 1460.

［102］吴梦云，张林荣. 高管团队特质、环境责任及企业价值研究［J］.

华东经济管理, 2018, 32 (2): 122–129.

[103] 肖挺, 刘华, 叶芃. 高管团队异质性与商业模式创新绩效关系的实证研究: 以服务行业上市公司为例 [J]. 中国软科学, 2013 (8): 125–135.

[104] 熊艾伦, 王子娟, 张勇, 等. 性别异质性与企业决策: 文化视角下的对比研究 [J]. 管理世界, 2018, 34 (6): 127–139, 188.

[105] 徐建中, 贯君, 林艳. 制度压力、高管环保意识与企业绿色创新实践: 基于新制度主义理论和高阶理论视角 [J]. 管理评论, 2017, 29 (9): 72–83.

[106] 徐鹏杰, 卢娟. 异质性环境规制对雾霾污染物排放绩效的影响: 基于中国式分权视角的动态杜宾与分位数检验 [J]. 科学决策, 2018 (1): 48–74.

[107] 许阳. 中国海洋环境治理的政策工具选择与应用: 基于1982—2016年政策文本的量化分析 [J]. 太平洋学报, 2017, 25 (10): 49–59.

[108] 许云霄, 麻志明. 外部性问题解决的两种方法之比较 [J]. 财政研究, 2004 (10): 4–8.

[109] 杨陈. 规制性压力对企业前瞻型环境战略的"双刃剑"效应: CEO自我增强式幽默的调节 [J]. 华东经济管理, 2021, 35 (10): 110–119.

[110] 杨德锋, 杨建华, 楼润平, 等. 利益相关者、管理认知对企业环境保护战略选择的影响: 基于我国上市公司的实证研究 [J]. 管理评论, 2012, 24 (3): 140–149.

[111] 杨洪涛, 李瑞, 李桂君. 环境规制类型与设计特征的交互对企业生态创新的影响 [J]. 管理学报, 2018, 15 (10): 1019–1027.

[112] 杨岚, 周亚虹. 环境规制与城市制造业转型升级: 基于产业结构绿色转型和企业技术升级双视角分析 [J]. 系统工程理论与实践, 2022, 42 (6): 1616–1631.

[113] 杨善林, 刘业政. 管理信息学 [M]. 北京: 高等教育出版社, 2003.

[114] 姚凯, 李晓琳. 基于制度理论的创业企业社会创新实现路径 [J].

管理科学, 2022, 35 (3): 58 - 72.

[115] 姚琼, 胡慧颖, 丰轶衡. 企业漂绿行为的研究综述与展望 [J]. 生态经济, 2022, 38 (3): 86 - 92, 108.

[116] 姚振华, 孙海法. 高管团队组成特征与行为整合关系研究 [J]. 南开管理评论, 2010 (1): 15 - 22.

[117] 叶陈刚, 王孜, 武剑锋. 公司治理、政治关联与环境绩效 [J]. 当代经济管理, 2016, 38 (2): 19 - 25.

[118] 叶建木, 李颖. 环境规制异质性能抑制企业信息 "漂绿" 行为吗 [J]. 财会月刊, 2020 (17): 39 - 46.

[119] 叶强生, 武亚军. 转型经济中的企业环境战略动机: 中国实证研究 [J]. 南开管理评论, 2010, 13 (3): 53 - 59.

[120] 衣凤鹏, 徐二明. 企业与上下游企业的连锁董事对环境战略的影响研究 [J]. 商业经济与管理, 2014 (5): 24 - 33.

[121] 尹珏林, 张玉利. 中国企业的 CSR 认知、行动和管理: 基于问卷的实证分析 [J]. 经济理论与经济管理, 2010, V (9): 63 - 70.

[122] 应春, 冯敏. 信息在决策中的价值与利用 [J]. 情报杂志, 2004, 23 (11): 74 - 75.

[123] 英明, 魏淑艳. 府际关系: 公共政策执行的关键变量 [J]. 广西社会科学, 2017 (12): 123 - 128.

[124] 于飞, 胡查平, 刘明霞. 网络密度、高管注意力配置与企业绿色创新: 制度压力的调节作用 [J]. 管理工程学报, 2021, 35 (2): 55 - 66.

[125] 于连超, 张卫国, 毕茜. 环境保护费改税促进了重污染企业绿色转型吗——来自《环境保护税法》实施的准自然实验证据 [J]. 中国人口·资源与环境, 2021, 31 (5): 109 - 118.

[126] 于连超, 张卫国, 毕茜. 环境税对企业绿色转型的倒逼效应研究 [J]. 中国人口资源与环境, 2019, 29 (7): 112 - 120.

[127] 于连超, 张卫国, 毕茜. 政府环境审计对企业创新的驱动效应研究 [J]. 科研管理, 2022, 43 (12): 117 - 124.

［128］余芬，樊霞．高管认知、行业管制与企业创新持续性［J］．科研管理，2021，43（12）：173 - 181．

［129］余怒涛，范书梦，郑延．高管团队特征，环境绩效与公司价值：基于中国化工行业上市公司的实证研究［J］．财务研究，2017（2）：68 - 78．

［130］余子鹏，田璐．要素禀赋、产业环境与我国制造业发展质量［J］．科研管理，2020，41（12）：103 - 111．

［131］原毅军，谢荣辉．环境规制的产业结构调整效应研究：基于中国省际面板数据的实证检验［J］．中国工业经济，2014（8）：57 - 69．

［132］张彩云．排污权交易制度能否实现"双重红利"：一个自然实验分析［J］．中国软科学，2020（2）：94 - 107．

［133］张晨，曹雨清，胡梦．市场激励型环境规制对企业环保投资的影响：基于我国碳排放权交易机制的准自然实验［J］．金融与经济，2021（11）：4 - 13．

［134］张根明，张元恺．关系学习、前瞻型环境战略与企业竞争力：有调节的中介模型［J］．财经论丛，2019（1）：91 - 99．

［135］张国兴，邓娜娜，管欣，等．公众环境监督行为、公众环境参与政策对工业污染治理效率的影响：基于中国省级面板数据的实证分析［J］．中国人口·资源与环境，2019，29（1）：144 - 151．

［136］张国兴，冯祎琛，王爱玲．不同类型环境规制对工业企业技术创新的异质性作用研究［J］．管理评论，2021，33（1）：92 - 102．

［137］张国兴，高秀林，汪应洛，等．中国节能减排政策的测量、协同与演变：基于1978 - 2013年政策数据的研究［J］．中国人口·资源与环境，2014，24（12）：62 - 73．

［138］张海燕，邵云飞，王冰洁．考虑内外驱动的企业环境技术创新实证研究［J］．系统工程理论与实践，2017，37（6）：1581 - 1592．

［139］张嫚．环境规制与企业行为间的关联机制研究［J］．财经问题研究，2005（4）：34 - 39．

［140］张娜，马续补，张玉振，等．基于文本内容分析法的我国公共信

息资源开放政策协同分析 [J]. 情报理论与实践, 2020, 43 (4): 115 – 122.

[141] 张瑞纲, 陈丽羽. 高管团队异质性与公司业绩关系的实证研究 [J]. 金融理论与实践, 2020 (6): 86 – 93.

[142] 张兆国, 向首任, 曹丹婷. 高管团队异质性与企业社会责任: 基于预算管理的行为整合作用研究 [J]. 管理评论, 2018, 30 (4): 120 – 131.

[143] 赵敏. 环境规制的经济学理论根源探究 [J]. 经济问题探索, 2013 (4): 152 – 155.

[144] 赵玉民, 朱方明, 贺立龙. 环境规制的界定、分类与演进研究 [J]. 中国人口·资源与环境, 2009, 19 (6): 85 – 90.

[145] 郑代良, 钟书华. 1978—2008: 中国高新技术政策文本的定量分析 [J]. 科学学与科学技术管理, 2010, 31 (4): 176 – 181.

[146] 郑石明. 环境政策何以影响环境质量——基于省级面板数据的证据 [J]. 中国软科学, 2019 (2): 49 – 61, 92.

[147] 钟熙, 宋铁波, 陈伟宏, 等. CEO 任期、高管团队特征与战略变革 [J]. 外国经济与管理, 2019, 41 (6): 3 – 16.

[148] 朱小会, 陆远权. 环境财税政策的治污效应研究: 基于区域和门槛效应视角 [J]. 中国人口·资源与环境, 2017, 27 (1): 83 – 90.

[149] 朱亚丽. "六度分离" 假说的信息学意义 [J]. 图书情报工作, 2005 (6): 59 – 61.

[150] 邹志勇, 辛沛祝, 晁玉方, 等. 高管绿色认知、企业绿色行为对企业绿色绩效的影响研究——基于山东轻工业企业数据的实证分析 [J]. 华东经济管理, 2019, 33 (12): 35 – 41.

[151] ABBAS J, SAĞSAN M. Impact of knowledge management practices on green innovation and corporate sustainable development: A structural analysis [J]. Journal of Cleaner Production, 2019, 229: 611 – 620.

[152] ABORAMADAN M. Top management teams characteristics and firms performance: literature review and avenues for future research [J]. International Journal of Organizational Analysis, 2020, 29 (3): 603 – 628.

[153] ALEXIEV A S, JANSEN J J P, VAN DEN BOSCH F A J, et al. Top management team advice seeking and exploratory innovation: The moderating role of TMT heterogeneity [J]. Journal of Management Studies, 2010, 47 (7): 1343 – 1364.

[154] ANDERSEN I, BAMS D. Environmental management: An industry classification [J]. Journal of Cleaner Production, 2022, 344 (1): 13083.

[155] ANN HEWLETT S, MARSHALL M, SHERBIN L. How diversity can drive innovation [J]. Harvard Business Review, 2013, 91 (12): 30.

[156] ARFI W Ben, HIKKEROVA L, SAHUT J – M. External knowledge sources, green innovation and performance [J]. Technological Forecasting and Social Change, 2018, 129: 210 – 220.

[157] AUH S, MENGUC B. Top management team diversity and innovativeness: The moderating role of interfunctional coordination [J]. Industrial Marketing Management, 2005, 34 (3): 249 – 261.

[158] BACK P, ROSING K, DICKLER T A, et al. CEOs' temporal focus, firm strategic change, and performance: Insights from a paradox perspective [J]. European Management Journal, 2020, 38 (6): 884 – 899.

[159] BACK K. The diffusion of voluntary environmental programs: The case of ISO 14001 in Korea, 1996 – 2011 [J]. Journal of Business Ethics, 2017, 145 (2): 325 – 336.

[160] BANERJEE S B, IYER E S, KASHYAP R K. Corporate environmentalism: Antecedents and influence of industry type [J]. Journal of Marketing, 2003, 67 (2): 106 – 122.

[161] BANERJEE S B. Corporate environmentalism: The construct and its measurement [J]. Journal of Business Research, 2002, 55 (3): 177 – 191.

[162] BEIER G, KIEFER J, KNOPF J. Potentials of big data for corporate environmental management: A case study from the German automotive industry [J]. Journal of Industrial Ecology, 2022, 26 (1): 336 – 349.

[163] BLAU P M. Inequality and heterogeneity: A primitive theory of social structure [M]. New York: Free Press, 1977.

[164] BLOMQUIST J, WESTERLUND J. Testing slope homogeneity in large panels with serial correlation [J]. Economics Letters, 2013, 121 (3): 374 – 378.

[165] BORSATTO J M L S, AMUI L B L. Green innovation: unfolding the relation with environmental regulations and competitiveness [J]. Resources, Conservation and Recycling, 2019, 149: 445 – 454.

[166] BOS-BROUWERS H E J. Corporate sustainability and innovation in SMEs: Evidence of themes and activities in practice [J]. Business Strategy and the Environment, 2010, 19 (7): 417 – 435.

[167] BOULHAGA M, BOURI A, ELAMER A A, IBRAHIM B A. Environmental, social and governance ratings and firm performance: The moderating role of internal control quality [J]. Corporate Social Responsibility and Environmental Management, 2022, 30 (1): 134 – 145.

[168] BU M, QIAO Z, LIU B. Voluntary environmental regulation and firm innovation in China [J]. Economic Modelling, 2020, 89: 10 – 18.

[169] BURKI U, DAHLSTROM R. Mediating effects of green innovations on interfirm cooperation [J]. Australasian Marketing Journal (AMJ), 2017, 25 (2): 149 – 156.

[170] CAMELO-ORDAZ C, HERNÁNDEZ-LARA A B, VALLE-CABRERA R. The relationship between top management teams and innovative capacity in companies [J]. Journal of Management Development, 2005, 24 (8): 683 – 705.

[171] CAO C, TONG X, CHEN Y, et al. How top management's environmental awareness affect corporate green competitive advantage: evidence from China [J]. Kybernetes, 2021, 51 (3): 1250 – 1279.

[172] CARPENTER M A, GELETKANCZ M A, SANDERS W G. Upper echelons research revisited: Antecedents, elements, and consequences of top man-

agement team composition [J]. Journal of Management, 2004, 30 (6): 749 – 778.

[173] CARPENTER M A, WESTPHAL J D. The strategic context of external network ties: Examining the impact of director appointments on board involvement in strategic decision making [J]. Academy of Management Journal, 2001, 44 (4): 639 – 660.

[174] CASTAÑER, XAVIER, NUNO OLIVEIRA. "Collaboration, coordination, and cooperation among organizations: Establishing the distinctive meanings of these terms through a systematic literature review." Journal of management, 2020, 46 (6): 965 – 1001.

[175] CHANG C H. The Influence of Corporate Environmental Ethics on Competitive Advantage: The Mediation Role of Green Innovation [J]. Journal of Business Ethics, 2011, 104 (3): 361 – 370.

[176] CHEN J, CHENG J, DAI S. Regional eco-innovation in China: An analysis of eco-innovation levels and influencing factors [J]. Journal of Cleaner Production, 2017, 153: 1 – 14.

[177] CHEN J, ZHANG F, LIU L. Does environmental responsibility matter in cross-sector partnership formation? A legitimacy perspective [J]. Journal of Environmental Management, 2019, 231: 612 – 621.

[178] CHEN S, BU M, WU S et al. How does TMT attention to innovation of Chinese firms influence firm innovation activities? A study on the moderating role of corporate governance [J]. Journal of Business Research, 2015, 68 (5): 1127 – 1135.

[179] CHEN X, YI N, ZHANG L et al. Does institutional pressure foster corporate green innovation? Evidence from China's top 100 companies [J]. Journal of Cleaner Production, 2018, 188: 304 – 311.

[180] CHEN Y S, LAI S B, WEN C T. The influence of green innovation performance on corporate advantage in Taiwan [J]. Journal of Business Ethics, 2006, 67 (4): 331 – 339.

［181］CHEN Y S. The driver of green innovation and green image – Green core competence ［J］. Journal of Business Ethics, 2008, 81 (3): 531 –543.

［182］CHEN Y, TANG G, JIN J et al. Linking market orientation and environmental performance: The influence of environmental strategy, employee's environmental involvement, and environmental product quality ［J］. Journal of Business Ethics, 2015, 127 (2): 479 –500.

［183］CHENG L L, XIE E, FANG J Y, MEI N. Performance feedback and firms' relative strategic emphasis: The moderating effects of board independence and media coverage ［J］. Journal of Business Research, 2022, 139, 218 –231.

［184］CHENG Z C, CHEN X Y, WEN H W. How Does Environmental Protection Tax Affect Corporate Environmental Investment? Evidence from Chinese Listed Enterprises ［J］. Sustainability, 2022, 14 (5): 1 –22.

［185］CHIOU T Y, CHAN H K, LETTICE F et al. The influence of greening the suppliers and green innovation on environmental performance and competitive advantage in Taiwan ［J］. Transportation Research Part E: Logistics and Transportation Review, 2011, 47 (6): 822 –836.

［186］COASE R. The problem of social cost ［J］. Journal of Law and Economics, 1960, 10 (3): 1 –44.

［187］COHEN M A, SANTHAKUMAR V. Information disclosure as environmental regulation: A theoretical analysis ［J］. Environmental and Resource Economics, 2007, 37 (3), 599 –620.

［188］DAELLENBACH U S, MCCARTHY A M, SCHOENECKER T S. Commitment to innovation: The impact of top management team characteristics ［J］. R&D Management, 1999, 29 (3): 199 –208.

［189］DANGELICO R M. What Drives Green Product Development and How do Different Antecedents Affect Market Performance? A Survey of Italian Companies with Eco – Labels ［J］. Business Strategy and the Environment, 2017, 26 (8): 1144 –1161.

[190] DARNALL N, HENRIQUES I, SADOESKY P. Adopting proactive environmental strategy: The influence of stakeholders and firm size [J]. Journal of management studies, 2010, 47 (6): 1072-1094.

[191] DEACON D T. Deregulation through nonenforcement [J]. New York University Law Review, 2010, 85 (3): 795-828.

[192] DEL RÍO P, PEÑASCO C, ROMERO-JORDÁN D. What drives eco-innovators? A critical review of the empirical literature based on econometric methods [J]. Journal of Cleaner Production, 2016, 112: 2158-2170.

[193] DELGADO-CEBALLOS J, ARAGÓN-CORREA J A, ORTIZ-DE-MANDOJANA N, et al. The effect of internal barriers on the connection between stakeholder integration and proactive environmental strategies [J]. Journal of Business Ethics, 2012, 107 (3): 281-293.

[194] DÍAZ-FERNÁNDEZ M C, GONZÁLEZ-RODRÍGUEZ M R, SIMONETTI B. Top management team diversity and high performance: An integrative approach based on upper echelons and complexity theory [J]. European Management Journal, 2020, 38 (1): 157-168.

[195] DORADO A B, LEAL G G, VILA R D. Environmental policy and corporate sustainability: The mediating role of environmental management systems in circular economy adoption [J]. Corporate Social Responsibility and Environmental Management, 2022, 29 (4): 830-842.

[196] DU M, CHAI S L, LI S, SUN Z J. How Environmental Regulation Affects Green Investment of Heavily Polluting Enterprises: Evidence from Steel and Chemical Industries in China [J]. Sustainability, 2022, 14 (19): 11971.

[197] DUAN D Z, XIA Q F. Does Environmental Regulation Promote Environmental Innovation? An Empirical Study of Cities in China [J]. International Journal of Environmental Research and Public Health, 2021, 19 (1): 139.

[198] DURIAU V J, REGER R K, PFARRER M D. A content analysis of the content analysis literature in organization studies: Research themes, data

sources, and methodological refinements [J]. Organizational Research Methods, 2007, 10 (1): 5 – 34.

[199] DYCK A, ZINGALES L. The Corporate governance role of the media [J]. Journal of Financial Economics, 2002 (4): 65 – 87.

[200] EGRI C P, HERMAN S. Leadership in the North American environmental sector: Values, leadership styles, and contexts of environmental leaders and their organizations [J]. Academy of Management Journal, 2000, 43 (4): 571 – 604.

[201] ELLEMERS N, HASLAM S A. Social identity theory [G]//LANGE P A M Van, KRUGLANSKI A W, HIGGINS E T. Handbook of Theories of Social Psychology (Volume 2). SAGE, 2012, 379 – 398.

[202] ELY R J. A field study of group diversity, participation in diversity education programs, and performance [J]. Journal of Organizational Behavior, 2004, 25 (6): 755 – 780.

[203] FENG Y H, CHEN S L, FAILLER P. Productivity Effect Evaluation on Market – Type Environmental Regulation: A Case Study of SO$_2$ Emission Trading Pilot in China [J]. International Journal of Environmental Research and Public Health, 2020, 17 (21): 8027.

[204] FINKELSTEIN S, HAMBRICK D C, CANNELLA A A J. Strategic Leadership: Theory and Research on Executives, Top Management Teams, and Boards [M]. Strategic Leadership: Theory and Research on Executives, Top Management Teams, and Boards, New York: Oxford University Press, 2009.

[205] FUKUKAWA K, SHAFER W E, LEE G M. Values and attitudes toward social and environmental accountability: A study of MBA students [J]. Journal of Business Ethics, 2007, 71 (4): 381 – 394.

[206] FUSSIER C, JAMES P. Driving Eco-Innovation: A Breakthrough Discipline for Innovation and Sustainability [M]. London: Pitman, London: Pitman, 1996.

［207］GAO P, ZHANG Y, XIANG Y et al. TMT Heterogeneity and Firm Performance: The Moderating Effect of Managerial Discretion ［J］. Economic Management Journal, 2020, 9 (2): 116 – 125.

［208］GAO Y, SHU C, JIANG X et al. Managerial ties and product innovation: The moderating roles of macro-and micro-institutional environments ［J］. Long Range Planning, 2016, 50 (2): 168 – 183.

［209］GARCÍA – GRANERO E M, PIEDRA – MUÑOZ L, GALDEANO – GÓMEZ E. Eco-innovation measurement: A review of firm performance indicators ［J］. Journal of Cleaner Production, 2018, 191: 304 – 317.

［210］GARY M S, WOOD R E. Mental models, decision rules, and performance heterogeneity ［J］. Strategic management journal, 2011, 32 (6): 569 – 594.

［211］GE W L, LI Z N, LIU Q L, MCVAY S. Internal Control over Financial Reporting and Resource Extraction: Evidence from China ［J］. Contemporary Accounting Research, 2021, 38 (2): 1274 – 1309.

［212］GRAAFLAND J J. Ecological impacts of the ISO 14001 certification of small and medium sized enterprises in Europe and the mediating role of networks ［J］. Journal of Cleaner Production, 2018, 174: 273 – 282.

［213］GUO Y Y, XIA X N, ZHANG S, ZHANG D P. Environmental Regulation, Government R&D Funding and Green Technology Innovation: Evidence from China Provincial Data ［J］. Sustainability, 2018, 10 (4): 940.

［214］GUPTA P. Top Management Team Heterogeneity, Corporate Social Responsibility Disclosure and Financial Performance ［J］. American Journal of Industrial and Business Management, 2019, 9 (4): 1076 – 1093.

［215］HAANS R F J, PIETERS C, HE Z L. Thinking about U: Theorizing and testing U-and inverted U-shaped relationships in strategy research ［J］. Strategic Management Journal, 2016, 37 (7): 1177 – 1195.

［216］HAMBRICK D C, MASON P A. Upper Echelons: The Organization as a Reflection of Its Top Managers [J]. Academy of Management Review, 1984, 9 (2): 193 – 206.

[217] HAN S, PAN Y, MYGRANT M, et al. Differentiated environmental regulations and corporate environmental responsibility: The moderating role of institutional environment [J]. Journal of Cleaner Production, 2021, 313 (1): 127870.

[218] HAO Y, FAN C, LONG Y, et al. The role of returnee executives in improving green innovation performance of Chinese manufacturing enterprises: Implications for sustainable development strategy [J]. Business Strategy and the Environment, 2019, 28 (5): 804 – 818.

[219] HARRISON D A, KLEIN K J. What's the difference? Diversity constructs as separation, variety, or disparity in organizations [J]. Academy of Management Review, 2007, 32 (4): 1199 – 1228.

[220] HARRISON D A, PRICE K H, GAVIN J H, et al. Time, teams, and task performance: Changing effects of surface-and deep-level diversity on group functioning [J]. Academy of Management Journal, 2002, 45 (5): 1029 – 1045.

[221] HARTMANN J, VACHON S. Linking Environmental Management to Environmental Performance: The Interactive Role of Industry Context [J]. Business Strategy and the Environment, 2018, 27 (3): 359 – 374.

[222] HARTS S L. A Natural – Resource – View of the Firm [J]. Academy of Management Review, 1995, 20 (4): 986 – 1014.

[223] HAYES B C. Gender, scientific knowledge, and attitudes toward the environment: A cross-national analysis [J]. Political Research Quarterly, 2001, 54 (3): 657 – 671.

[224] HE K, CHEN W, ZHANG L. Senior management's academic experience and corporate green innovation [J]. Technological Forecasting and Social Change, 2021, 166: 1 – 11.

[225] HE X, JIANG S. Does gender diversity matter for green innovation? [J]. Business Strategy and the Environment, 2019, 28 (7): 1341 – 1356.

[226] HENRIQUES I, SADORSKY P. Environmental technical and adminis-trative innovations in the Canadian manufacturing industry [J]. Business Strategy and the Environment, 2007, 16 (2): 119–132.

[227] HERRMANN P, DATTA D K. Relationships between top management team characteristics and international diversification: An empirical investigation [J]. British Journal of Management, 2005, 16 (1): 69–78.

[228] HOJNIK J, RUZZIER M. What drives eco-innovation? A review of an emerging literature [J]. Environmental Innovation and Societal Transitions, 2016, 19: 31–41.

[229] HORBACH J, JACOB J. The relevance of personal characteristics and gender diversity for (eco-) innovation activities at the firm-level: Results from a linked employer-employee database in Germany [J]. Business Strategy and the En-vironment, 2018, 27 (7): 924–934.

[230] HORBACH J, OLTRA V, BELIN J. Determinants and Specificities of Eco-Innovations Compared to Other Innovations – An Econometric Analysis for the French and German Industry Based on the Community Innovation Survey [J]. In-dustry and Innovation, 2013, 20 (6): 523–543.

[231] HOWLETT M, RAMESH M. Studying public policy: policy cycles and policy subsystems [M]. Oxford: Oxford University Press. 1995: 80–98.

[232] HUA W, WHEELER D. Financial incentives and endogenous enforce-ment in China's pollution levy system [J]. Journal of Environmental Economics & Management, 2005, 49 (1): 174–196.

[233] HUANG J W, LI Y H. Green Innovation and Performance: The View of Organizational Capability and Social Reciprocity [J]. Journal of Business Ethics, 2017, 145: 309–324.

[234] HUANG Y C, WONG Y J, YANG M L. Proactive environmental man-agement and performance by a controlling family [J]. Management Research Re-view, 2014, 37 (3): 210–240.

［235］I HERAS – SAIZARBITORIA, G ARANA LANDÍN, JF MOLINA – AZORÍN. Do drivers matter for the benefits of ISO 14001 ［J］. International Journal of Operations & Production Management, 2011, 31 (2): 192 –216.

［236］IACOBUCCI D. Mediation analysis and categorical variables: The final frontier ［J］. Journal of Consumer Psychology, Society for Consumer Psychology, 2012, 22 (4): 582 –594.

［237］JACKSON S E, JOSHI A, ERHARDT N L. Recent research on team and organizational diversity: SWOT analysis and implications ［J］. Journal of Management, 2003, 29 (6): 801 –830.

［238］JAMES P. The sustainability cycle: a new tool for product development and design ［J］. The Journal of Sustainable Product Design, 1997 (2): 52 –57.

［239］JIANG Z J, LYU, P J. Stimulate or inhibit? Multiple environmental regulations and pollution-intensive Industries' Transfer in China ［J］. Journal of Cleaner Production, 2021, 328: 129528.

［240］JIANG Z Y, WANG Z J, ZENG Y Q. Can voluntary environmental regulation promote corporate technological innovation? ［J］. Business Strategy and the Environment, 2020, 29 (2): 390 –406.

［241］JOSHI A, ROH H. The role of context in work team diversity research: A meta-analytic review ［J］. Academy of Management Journal, 2009, 52 (3): 599 –627.

［242］JUDGE W Q, DOUGLAS T J. Performance implications of incorporating natural environmental issues into the strategic planning process: An empirical assessment ［J］. Journal of Management Studies, 1998, 35 (2): 241 –262.

［243］JUNAID A, NABILA A, HUMA S et al. Environmental ethics, green innovation, and sustainable performance: Exploring the role of environmental leadership and environmental strategy ［J］. Journal of Cleaner Production, 2022, 378: 1 –15.

［244］KALYAR M N, SHAFIQUE I, ABID A. Role of lean manufacturing and environmental management practices in eliciting environmental and financial performance: the contingent effect of institutional pressures [J]. Environmental Science and Pollution Research, 2019, 26 (24): 24967 – 24978.

[245] KEMP R, ARUNDEL A. Survey Indicators for Environmental Innovation [C]. Paper Presented to Conference Towards Environmental Inaovation Systems in Garmish – Partenkinchen, 2002.

[246] KEMP R, PEARSON P. Final report MEI project about measuring eco-innovation [R]. Maastricht, UM Merit: 2007

[247] KOCHENKOVA A, GRIMALDI R, MUNARI F. Public policy measures in support of knowledge transfer activities: a review of academic literature [J]. Journal of Technology Transfer, 2016, 41 (3): 407 – 429.

[248] LEE G, XIAO X N. Voluntary Engagement in Environmental Projects: Evidence from Environmental Violators [J]. Journal of Business Ethics, 2020, 164 (2): 325 – 348.

[249] LEE T, LIU W T, YU J X. Does TMT composition matter to environmental policy and firm performance? The role of organizational slack [J]. Corporate Social Responsibility and Environmental Management, 2021, 28 (1): 196 – 213.

[250] LI D, ZHAO Y, ZHANG L et al. Impact of quality management on green innovation [J]. Journal of Cleaner Production, 2018, 170: 462 – 470.

[251] LI D, ZHENG M, CAO C et al. The impact of legitimacy pressure and corporate profitability on green innovation: Evidence from China top 100 [J]. Journal of Cleaner Production, 2017, 141: 41 – 49.

[252] LI P Y, HUANG K F. The antecedents of innovation performance: the moderating role of top management team diversity [J]. Baltic Journal of Management, 2019, 14 (2): 291311.

[253] LI P, LIN Z G, DU H B et al. Do environmental taxes reduce air pollution? Evidence from fossil-fuel power plants in China [J]. Journal of Environmental Management, 2021, 295: 113112.

[254] LI R Q, RAMANATHAN R. Exploring the relationships between different types of environmental regulations and environmental performance: Evidence from China [J]. Journal of Cleaner Production, 2018, 196: 1329 – 1340.

[255] Li Y. Environmental innovation practices and performance: moderating effect of resource commitment [J]. Journal of Cleaner Production, 2014, 66: 450 – 458.

[256] LIANG D P, LIU T S. Does environmental management capability of Chinese industrial firms improve the contribution of corporate environmental performance to economic performance? Evidence from 2010 to 2015 [J]. Journal of Cleaner Production, 2017, 142: 2985 – 2998.

[257] LIAO Z, XU C, CHENG H, et al. What drives environmental innovation? A content analysis of listed companies in China [J]. Journal of Cleaner Production, 2018, 198: 1567 – 1573.

[258] LIAO Z, ZHANG M, WANG X. Do female directors influence firms' environmental innovation? The moderating role of ownership type [J]. Corporate Social Responsibility and Environmental Management, 2019, 26 (1): 257 – 263.

[259] LIAO Z. Environmental policy instruments, environmental innovation and the reputation of enterprises [J]. Journal of Cleaner Production, 2018, 171: 1111 – 1117.

[260] LIN H, ZENG S X, MA H Y, et al. Can political capital drive corporate green innovation? Lessons from China [J]. Journal of Cleaner Production, 2014, 64: 123957.

[261] LIN Z Z, LIANG D Z, LI S N. Environmental Regulation and Green Technology Innovation: Evidence from China's Heavily Polluting Companies [J]. Sustainability, 2022, 14 (19): 12180.

[262] LINDSTAD H E, ESKELAND G S. Environmental regulations in shipping: Policies leaning towards globalization of scrubbers deserve scrutiny [J]. Transportation Research Part D: Transport and Environment, 2016, 47: 67 – 76.

[263] LIU J, ZHAO M, Wang Y. Impacts of government subsidies and environmental regulations on green process innovation: A nonlinear approach [J]. Technology in Society, 2020, 63: 101417.

[264] LIU X B, LIU B B, TOMOHIRO S, et al. An empirical study on the driving mechanism of proactive corporate environmental management in China [J]. Journal of Environmental Management, 2010, 91: 1707 – 1717.

[265] LONG X L, CHEN Y Q, DU J G, et al. Environmental innovation and its impact on economic and environmental performance: Evidence from Korean-owned firms in China [J]. Energy Policy, 2017, 107: 599 – 620.

[266] MA Q H, JU L, ZHANG Z S. Innovation Input and Firm Value: Based on the Moderating Effect of Internal Control [J]. Sustainability, 2022, 14 (18): 11156.

[267] MA Y, HOU G, YIN Q, et al. The sources of green management innovation: Does internal efficiency demand pull or external knowledge supply push? [J]. Journal of Cleaner Production, 2018, 202: 582 – 590.

[268] MA Y, ZHANG Q, YIN Q, et al. The influence of top managers on environmental information disclosure: The moderating effect of company's environmental performance [J]. International Journal of Environmental Research and Public Health, 2019, 16 (7): 1 – 15.

[269] MA Y, ZHANG Q, YIN Q. Top management team faultlines, green technology innovation and firm financial performance [J]. Journal of Environmental Management, 2021, 285: 112095.

[270] MACCURTAIN S, FLOOD P C, RAMAMOORTHY N et al. The top management team, reflexivity, knowledge sharing and new product performance: A study of the Irish software industry [J]. Creativity and Innovation Management, 2010, 19 (3): 219 – 232.

[271] MACKINNON D P, DWYER J H. Estimating Mediated Effects in Prevention Studies [J]. Evaluation Review, 1993, 17 (2): 144 – 158.

[272] MACKINNON D P. Introduction to Statistical Mediation Analysis [M]. New York: Lawrence Erlbaum Associates, 2012.

[273] MAINIERI T, BARNETT E G, VALDERO T R, et al. Green buying: The influence of environmental concern on consumer behavior [J]. Journal of Social Psychology, 1997, 137 (2): 189 – 204.

[274] MAK A H N, CHANG R C Y. The driving and restraining forces for environmental strategy adoption in the hotel industry: A force field analysis approach [J]. Tourism Management, 2019, 73: 48 – 60.

[275] MULLER A, WHITEMAN G. Corporate philanthropic responses to emergent human needs: The role of organizational attention focus [J]. Journal of Business Ethics, 2016, 137 (2): 299 – 314.

[276] NADEEM M, BAHADAR S, GULL A A, et al. Are women eco-friendly? Board gender diversity and environmental innovation [J]. Business Strategy and the Environment, 2020, 29 (8): 3146 – 3161.

[277] NGUYEN H T, VU T T D, NGUYEN H M, et al. Political embeddedness and the adoption of environmental management practices: The mediating effects of institutional pressures [J]. Corporate Social Responsibility and Environmental Management, 2022, 29 (4): 965 – 983.

[278] NIELSEN S. Top management team diversity: A review of theories and methodologies [J]. International Journal of Management Reviews, 2010, 12 (3): 301 – 316.

[279] NORTH D C. Institutions, institutional change and economic performance [M]. Cambridge, UK: Cambridge university press, 1990.

[280] ODUOR B A, KILIKA J M. TMT Diversity, Decision Quality and Service Sector Firm Performance: A Research Agenda [J]. Journal of Management and Strategy, 2018, 9 (2): 34 – 45.

[281] OECD. Eco-Innovation in Industry: Enabling Green Growth [R]. Paris: OECD, 2009.

[282] OLSON B J, PARAYITAM S, BAO Y. Strategic decision making: The effects of cognitive diversity, conflict, and trust on decision outcomes [J]. Journal of Management, 2007, 33 (2): 196 – 222.

[283] OLSON B J, PARAYITAM S, TWIGG N W. Mediating Role of Strategic Choice Between Top Management Team Diversity and Firm Performance: Upper Echelons Theory Revisited [J]. Journal of Business and Management, 2006, 12 (2): 111 – 126.

[284] OLTRA V, SAINT JEAN M. Sectoral systems of environmental innovation: An application to the French automotive industry [J]. Technological Forecasting and Social Change, 2009, 76 (4): 567 – 583.

[285] PAN X, CHEN X J, YANG X. Examining the relationship between negative media coverage and corporate social responsibility [J]. Business Ethics, the Environment & Responsibility, 2022, 31 (3): 620 – 633.

[286] PARGAL S, WHEELER D. Informal regulation of industrial pollution in developing countries: evidence from Indonesia [J]. Journal of political economy, 1996, 104 (6): 1314 – 1327.

[287] PENG B, TU Y, ELAHI E, et al. Extended Producer Responsibility and corporate performance: Effects of environmental regulation and environmental strategy [J]. Journal of Environmental Management, 2018, 218 (Jul. 15): 181 – 189.

[288] PENG J Y, XIE R, MA C B, et al. Market-based environmental regulation and total factor productivity: Evidence from Chinese enterprises [J]. Economic Modelling, 2021, 95: 394 – 407.

[289] PESCH R, BOUNCKEN R B, KRAUS S. Effects of Communication Style and Age Diversity in Innovation Teams [J]. International Journal of Innovation and Technology Management, 2015, 12 (6): 1550029.

[290] PIGOU A C. The Economics of Welfare [M]. London: Macmillan, 1920.

［291］POLAS M R H, Tabash M I, Bhattacharjee A, et al. Knowledge management practices and green innovation in SMES: the role of environmental awareness towards environmental sustainability ［J］. International Journal of Organizational Analysis, 2021, 31 (5): 1601 – 1622.

［292］POST C, RAHMAN N, RUBOW E. Green governance: Boards of directors' composition and environmental corporate social responsibility ［J］. Business and Society, 2011, 50 (1): 189 – 223.

［293］POTRICH L, CORTIMIGLIA M N, MEDEIROS J F D. A systematic literature review on firm-level proactive environmental management ［J］. Journal of Environmental Management, 2019, 243: 273 – 286.

［294］Qi G, Jia Y, Zou H. Is institutional pressure the mother of green innovation? Examining the moderating effect of absorptive capacity ［J］. Journal of Cleaner Production, 2020, 278 (2): 123957.

［295］QI G, ZENG S, TAM C, et al. Stakeholders' Influences on Corporate Green Innovation Strategy: A Case Study of Manufacturing Firms in China ［J］. Corporate Social Responsibility and Environmental Management, 2013, 20 (1): 1 – 14.

［296］Qin He. Knowledge discovery through Co-word analysis ［J］. Library Trends, 1999, 48 (1): 133 – 159.

［297］REN S G, HE D J, ZHANG T CHEN X H. Symbolic reactions or substantive pro-environmental behavior? An empirical study of corporate environmental performance under the government's environmental subsidy scheme ［J］. Business Strategy and the Environment, 2019, 28 (6): 1148 – 1165.

［298］RHODES S R. Age-related differences in work attitudes and behavior: A review and conceptual analysis ［J］. Psychological Bulletin, 1983, 93 (2): 328 – 367.

［299］RÍO P Del, PEÑASCO C, DESIDERIO ROMERO – JORDÁN. The empirical analysis of the determinants for environmental technological change: A research agenda [J]. Ecological Economics, 2009, 68 (3): 861 – 878.

[300] RUIQIAN L, RAMAKRISHNAN R. Impacts of Industrial Heterogeneity and Technical Innovation on the Relationship between Environmental Performance and Financial Performance [J]. Sustainability, 2018, 10 (5): 1653.

[301] RUSSO M V. , FOUTS P A. A resource-based perspective on corporate environmental performance and profitability [J]. Academy of Management Journal, 1997, 40 (3): 534 – 559.

[302] RYSZKO A. Proactive environmental strategy, technological eco-innovation and firm performance-case of Poland [J]. Sustainability, 2016, 8 (2): 1 – 20.

[303] SAHIN K, MERT K. Institutional theory in international business studies: the period of 1990 – 2018 [J]. International Journal of Organizational Analysis, 2022, 31 (5): 1957 – 1986.

[304] SALEEM F, ZHANG Y Y, MALIK M I, ALLUI A. Revisiting Stakeholder Theory and Environmentalism: Evidence from an Emerging Economy [J]. Sustainability, 2020, 12 (20): 1 – 20.

[305] SCHIEDERIG T, TIETZE F, HERSTATT C. Green innovation in technology and innovation management-an exploratory literature review [J]. R and D Management, 2012, 42 (2): 180 – 192.

[306] SCOTT W R. Institutions and Organizations-Ideas and Interests [M]. Beijing: People's University of China Press, 2010, 56 – 59.

[307] SHANNON C E. A Mathematical Theory of Communication [J]. Bell System Technical Journal, 1948, 27 (4): 623 – 656.

[308] SHAO Y M, CHEN Z F. Can government subsidies promote the green technology innovation transformation? Evidence from Chinese listed companies [J]. Economic Analysis and Policy, 2022, 74: 716 – 727.

[309] SHARMA S, VREDENBURG H. Proactive corporate environmental strategy and the development of competitively valuable organizational capabilities

[J]. Strategic Management Journal, 1998, 19 (8): 729 – 753.

[310] SHEN Y, ZHANG X W. Study on the Impact of Environmental Tax on Industrial Green Transformation [J]. International Journal of Environmental Research and Public Health, 2022, 19 (24): 16749.

[311] SHIN T, You J. Changing words: How temporal consistency in a CEO's use of language toward shareholders and stakeholders affects CEO dismissal [J]. Corporate Governance: An International Review, 2020, 28 (1): 47 – 68.

[312] SHIVAKUMARA K, MANE S, DIKSHA J et al. Effect of Gender on Environmental Awareness of Post – Graduate Students [J]. British Journal of Education, Society & Behavioural Science, 2015, 8 (1): 25 – 33.

[313] SONG H, ZHAO C G. Does environmental management improve enterprise's value? An empirical research based on Chinese listed companies [J]. Ecological Indicators, 2015, 51: 191 – 196.

[314] SUN Z, WANG X, LIANG C et al. The impact of heterogeneous environmental regulation on innovation of high-tech enterprises in China: mediating and interaction effect [J]. Environmental Science and Pollution Research, 2021, 28 (7): 8323 – 8336.

[315] SYMEOU P C, ZYGLIDOPOULOS S, GARDBERG N A. Corporate environmental performance: Revisiting the role of organizational slack [J]. Journal of Business Research, 2019, 96: 169 – 182.

[316] TALKE K, SALOMO S, ROST K. How top management team diversity affects innovativeness and performance via the strategic choice to focus on innovation fields [J]. Research Policy, 2010, 39 (7): 907 – 918.

[317] TANIKAWA T, KIM S, JUNG Y. Top management team diversity and firm performance: exploring a function of age [J]. Team Performance Management, 2017, 23 (3/4): 156 – 170.

[318] TELLO S, YOON E. Examining drivers of sustainable innovation [J]. International Journal of Business Strategy, 2008, 8 (3): 164 – 169.

［319］ TESTA F, BOIRAL O, TRALDO F. Internalization of Environmental Practices and Institutional Complexity: Can Stakeholders Pressures Encourage Greenwashing? ［J］. Journal of Business Ethics, 2018, 147 (2): 287 –307.

［320］ TIAN X, GAO W W, LIU Y B, XU M. Secondary resource curse's formation and transmission mechanism based on environmental externality theory ［J］. Resources Conservation and Recycling, 2020, 161 (17): 1 –12.

［321］ TRIANA M C, RICHARD O C, SU W. Gender diversity in senior management, strategic change, and firm performance: Examining the mediating nature of strategic change in high tech firms ［J］. Research Policy, 2019, 48 (7): 1681 –1693.

［322］ TSAI K H, LIAO Y C. Sustainability Strategy and Eco-Innovation: A Moderation Model ［J］. Business Strategy and the Environment, 2017, 26 (4): 426 –437.

［323］ TSENG M L, WANG R, CHIU A S F et al. Improving performance of green innovation practices under uncertainty ［J］. Journal of Cleaner Production, 2013, 40: 71 –82.

［324］ TU W J, YUE X G, LIU W, CRABBE M J C. Valuation Impacts of Environmental Protection Taxes and Regulatory Costs in Heavy – Polluting Industries ［J］. International Journal of Environmental Research and Public Health, 2020, 17 (6): 2070.

［325］ TURNER J C. Social categorization and the self-concept: a social cognitive theory of group behaviour ［J］. LAWLER E J. Advances in group processes, Greenwich, CT: JAI Press, 1985 (1): 77 –122.

［326］ VAN KNIPPENBERG D, DE DREU C K W, HOMAN A C. Work group diversity and group performance: An integrative model and research agenda ［J］. Journal of Applied Psychology, 2004, 89 (6): 1008 –1022.

［327］ WANG L P, LONG Y, LI C. Research on the impact mechanism of heterogeneous environmental regulation on enterprise green technology innovation

[J]. Journal of Environmental Management, 2022, 322 (8): 116127.

[328] WANG S Y, LI J, ZHAO D T. Institutional Pressures and Environmental Management Practices: The Moderating Effects of Environmental Commitment and Resource Availability [J]. Business Strategy and the Environment, 2018, 27 (1): 52 – 69.

[329] WANG T, J PENG, WU L. Heterogeneous effects of environmental regulation on air pollution: evidence from China's prefecture-level cities [J]. Environmental Science and Pollution Research, 2021, 28 (1): 25782 – 25797.

[330] WANG X, ZHANG Z, CHUN D. The Influencing Mechanism of Internal Control Effectiveness on Technological Innovation: CSR as a Mediator [J]. Sustainability, 2022, 13 (23): 1 – 17.

[331] WANG Y, YU L H. Can the current environmental tax rate promote green technology innovation? – Evidence from China's resource-based industries [J]. Journal of Cleaner Production, 2021, 278 (2): 123443.

[332] WEHRMEYER W, MCNEIL M. Activists, pragmatists, technophiles and tree-huggers? gender differences in employees' environmental attitudes [J]. Journal of Business Ethics, 2000, 28 (3): 211 – 222.

[333] WHORF B L. Language, thought, and reality: Selected writings of Benjamin Lee Whorf [M]. MIT press, New York, 1956.

[334] WILLIAMS K Y, O'REILLY C A. Demography and Diversity in Organizations: A Review of 40 Years of Research [J]. Research in Organizational Behavior, JAI Press, 1998, 20: 77 – 140.

[335] WU D, MEMON H. Public Pressure, Environmental Policy Uncertainty, and Enterprises' Environmental Information Disclosure [J]. Sustainability, 2022, 14 (12): 1 – 18.

[336] WU G-C. The influence of green supply chain integration and environmental uncertainty on green innovation in Taiwan's IT industry [J]. Supply Chain Management, 2013, 18 (5): 539 – 552.

[337] X Ouyang, Li, Du K. How does environmental regulation promote technological innovations in the industrial sector? Evidence from Chinese provincial panel data [J]. Energy Policy, 2020, 139: 111310.

[338] XIA D, CHEN W, GAO Q, et al. Research on Enterprises' Intention to Adopt Green Technology Imposed by Environmental Regulations with Perspective of State Ownership [J]. Sustainability, 2021, 13 (3): 1368.

[339] XIE H, WEN J, CHOI Y. How the SDGs are implemented in China—A comparative study based on the perspective of policy instruments [J]. Journal of Cleaner Production, 2021, 291: 125937.

[340] XIE R, YUAN Y, HUANG J. Different types of environmental regulations and heterogeneous influence on "green" productivity: evidence from China [J]. Ecological Economics, 2017, 132: 104 – 112.

[341] YANG D, JIANG W, ZHAO W. Proactive environmental strategy, innovation capability, and stakeholder integration capability: A mediation analysis [J]. Business Strategy and the Environment, 2019, 28 (8): 1534 – 1547.

[342] YANG D, WANG A X, ZHOU K Z, et al. Environmental strategy, institutional force, and innovation capability: A managerial cognition perspective [J]. Journal of Business Ethics, 2019, 159 (4): 1147 – 1161.

[343] YI Z Q, WU L H. Analysis of the impact mechanism of environmental regulations on corporate environmental proactivity—based on the perspective of political connections [J]. Business Ethics, the Environment & Responsibility, 2022, 31 (2): 323 – 345.

[344] YU B, SHEN C. Environmental regulation and industrial capacity utilization: An empirical study of China [J]. Journal of Cleaner Production, 2020, 246: 118986.

[345] ZAHRA S A, WIKLUND J. The effect of top management team characteristics on product innovation among new ventures: The moderating role of behavioral integration [C]//Academy of Management 2010 Annual Meeting – Dare to

Care: Passion and Compassion in Management Practice and Research, AOM 2010, 2010 (1): 1 – 6.

[346] ZHANG B, WANG Z, LAI K. Mediating effect of managers' environmental concern: Bridge between external pressures and firms' practices of energy conservation in China [J]. Journal of Environmental Psychology, 2015, 43: 203 – 215.

[347] ZHANG D Y. Do heterogenous subsides work differently on environmental innovation? A mechanism exploration approach [J]. Energy Economics, 2022, 114 (2): 106233.

[348] ZHANG D, RONG Z, JI Q. Green innovation and firm performance: Evidence from listed companies in China [J]. Resources, Conservation and Recycling, 2019, 144: 48 – 55.

[349] ZHANG G, LIU W, DUAN H. Environmental regulation policies, local government enforcement and pollution-intensive industry transfer in China [J]. Computers & Industrial Engineering, 2020, 148 (1): 106748.

[350] ZHANG Q, MA Y. The impact of environmental management on firm economic performance: The mediating effect of green innovation and the moderating effect of environmental leadership [J]. Journal of Cleaner Production, 2021, 292: 126057.

[351] ZHAO X, CHEN S, XIONG C. Organizational attention to corporate social responsibility and corporate social performance: the moderating effects of corporate governance [J]. Business Ethics: A European Review, 2016, 25 (4): 386 – 399.

[352] ZHONG Z, PENG B. Can environmental regulation promote green innovation in heavily polluting enterprises? Empirical evidence from a quasi-natural experiment in China [J]. Sustainable Production and Consumption, 2022, 30: 815 – 828.

[353] ZHOU M, GOVINDAN K, Xie X et al. How to drive green innovation

in China's mining enterprises? Under the perspective of environmental legitimacy and green absorptive capacity [J]. Resources Policy, 2021, 72: 102038.

[354] ZHU D, LIU C, DONG Y, HUA J G. The Effect of Environmental Regulation on Corporate Environmental Governance Behavior and Its Mechanisms [J]. Sustainability, 2022, 14 (15): 9050.